3 000 ACCORDS
Mets & Vins

Ouvrage collectif créé par Losange
avec la collaboration de Jacques-Louis Delpal

Direction éditoriale : Hervé Chaumeton
Suivi éditorial : Sophie Jutier
PAO : Nathalie Lachaud, Francis Rossignol
DAO : Francis Rossignol
Photogravure : Stéphanie Tridoux

ISBN : 978-2-8160-0477-9
N° d'éditeur : 8160
Dépôt légal : août 2013

Achevé d'imprimer : juillet 2013
Imprimé en Chine par Toppan Leefung

3 000 ACCORDS
Mets & Vins

ARTÉMIS
ÉDITIONS

SOMMAIRE

Le verre et l'assiette

Bonheur mutuel, rencontres heureuses

Jouant à l'unisson des saveurs, réveillant le palais par d'aimables dissonances, imposant parfois des contrastes heureux, le vin ajoute son accent aux mets, les révèle, accentue leur caractère, qu'il s'agisse de produits bruts ou à peine transformés, de plats familiaux traditionnels ou de recettes codifiées par des chefs artistes et techniciens.

Le vin, en juste revanche, bénéficie de l'échange : les aliments auxquels il est associé ou confronté favorisent son expression, l'amplifient souvent avec bonheur. Sans légiférer quant au « vin faire-valoir/vin valorisé », en signalant souvent plusieurs pistes pour trouver au bon moment LA bonne bouteille, qui n'est jamais unique, ce livre pratique a deux ambitions. La première, modeste : permettre au néophyte d'éviter les bourdes souvent commises (un blanc moelleux avec des huîtres salées et iodées, un rouge tannique et charpenté sur une tendre volaille, un vin à la rudesse puissante sur un fromage frais). La seconde : aider le lecteur à assortir au mieux le verre et l'assiette de façon soit heureusement convenue, soit originale ; le pousser à s'interroger, à ne pas échantillonner au hasard. Les vins et les mets sont tenus dans cet ouvrage pour des partenaires égaux, éléments d'une harmonie équilibrée, mais il arrive, comme dans les couples heureux, que l'un supplante l'autre en telle ou telle occasion, sans l'écraser. On peut acheter une bouteille sans trop lui demander, en se régalant à l'avance du plat à forte personnalité qu'elle accompagnera en léger retrait. On a tout autant le droit, en revanche, de choisir un plat en fonction d'un vin dont on attend beaucoup, auquel on donne délibérément la vedette. Suggérant, préconisant, donnant souvent le choix entre diverses options, ce livre aide à éviter les erreurs grossières et le « n'importe quoi » (hélas ! courant sur bien des tables), rappelle les bonnes ententes classiques du verre et de l'assiette, pousse, quand c'est possible, vers l'inédit. Depuis longtemps familier de la restauration de haut niveau et des milieux viticoles, ayant exploré à fond la plupart des terroirs de France (pour des centaines d'articles et une cinquantaine de livres), l'auteur a certes été conduit par ses goûts, par son éducation, mais il a aussi inlassablement consulté des sommeliers parmi les meilleurs, des œnologues, des chef – certains célèbres – des viticulteurs, des gastronomes... en acceptant la contradiction, en tenant compte des mises en garde reflétant d'autres habitudes, d'autres sensibilités. Au point parfois, sinon de changer d'avis, du moins de mettre au conditionnel ce qui lui paraissait une vérité d'évidence. Ayant publié un ouvrage à succès sur les accords gourmands, à la suite de guides culturels et « polyculturels » dont le vin était rarement absent, consultant des milliers de notes systématiquement reportées, classées et triées sur son ordinateur, il a perpétuellement fait corroborer (ou désavouer !) ses jugements par les spécialistes qu'il respecte. Les divergences d'appréciation ne l'ont pas choqué : il en va des goûts comme des couleurs, tout demeure relatif et se discute. Dans la convivialité, si bien entretenue à table quand le vin est bon et le menu appétissant. L'énumération par chapitre des produits et des plats, pour la plupart familiers, quelques-uns relevant de la grande cuisine, va de pair avec l'évocation précise d'appellations adéquates, de toutes régions (et parfois avec la mention de celles qui ne conviennent absolument pas). L'aide au lecteur encore néophyte, ou ignorant de certains secteurs viticoles, est éventuellement plus poussée. Le sous-titre « Une belle bouteille » signale des viticulteurs, des coopératives et des négociants, si possible pas trop « confidentiels », dont les bouteilles sont à la portée du commun des mortels – au moins pour un jour de fête : les vins cités au fils des pages s'achètent, grosso-modo, de 35 à 200 € la bouteille (la majorité sont vendus dans les restaurants raisonnables entre 100 et 300 €). Les collectionneurs de Mouton-Rothschild, de Haut-Brion, d'Yquem, de Petrus ou de Romanée-Conti, merveilles dont on n'ose dire le prix, n'ont pas besoin de nous... Quant au lecteur, il nous pardonnera certainement de ne pas faire référence à d'illustres bouteilles de grands millésimes proposées à 2 000 ou 3 000 €, voire beaucoup plus, sur la carte des établissements portés aux nues (étoilées) par le Michelin. Les vins évoqués sont censés être vieux de un à quatre ou cinq ans pour les blancs, de deux à huit ans pour les rouges : il est impossible, dans un ouvrage généraliste, de tenir compte des modifications, souvent considérables, qu'apporte un heureux vieillissement prolongé en cave. La notion d'année importe moins qu'autrefois grâce aux progrès dans l'entretien des vignes et la conduite des vendanges, dans l'équipement des chais et dans leur surveillance, mais il faut, évidemment, en tenir compte pour savoir quelles bouteilles garder en cave, quels vins aimables mais dépourvus d'avenir boire sans attendre... De multiples tableaux des millésimes circulent, plus ou moins à jour, certains partisans. On les consultera en ayant conscience qu'il s'agit de généralités, de « moyennes ». La lecture éducative et distrayante d'ouvrages spécialisés mis à jour annuellement est indispensable. Les énormes comptes rendus de l'Américain Robert Parker, superman de la dégustation parfois contesté, sont impressionnants, mais peu faits pour le profane. En dehors d'une multitude d'ouvrages dont on peut suspecter le sérieux, ou qu'auteurs et éditeurs n'ont pas les moyens de maîtriser complètement, deux guides s'imposent, complémentaires : *Le Guide Hachette des Vins*, bourré d'adresses, décrit inégalement environ huit mille vins et fournit, de façons diverses selon secteurs et auteurs, quantité de renseignements utiles sur les AOC. On peut regretter certaines absences dans ce gros livre pourtant exhaustif, un peu complaisant parfois, mais l'ouvrage est indispensable, quand ce ne serait que comme annuaire du vin (les domaines et châteaux cités dans les pages qui suivent y figurent probablement à 90 %). *Le Classement des vins et domaines de France* établi par Michel Bettane et Thierry Desseauve est plus élitiste, moins fourre-tout, plus lisible. Il suit l'évolution d'un millier de domaines bien choisis. Clair et pointu, décrivant intelligemment la personnalité des vins, ce guide désinvolte à l'égard des petites appellations égratigne parfois les domaines vedettes et témoigne souvent d'un enthousiasme communicatif.

Apéritifs et amuse-gueule

Les apéritifs qui traînent tuent le repas, mais ce prologue à la table a un rôle convivial. Apparu au XVIII*e siècle avec son sens actuel (« ce qui ouvre l'appétit »), le mot est devenu substantif courant à la Belle Époque. Les apéritifs de marque, Martini, Cinzano, Lillet, Birrh, Suze, Dubonnet, Pastis, Ricard, Berger, dont la vogue décline, se sont imposés au* XX*e siècle, pendant lequel les initiés, puis le grand public, ont progressivement adopté maints produits étrangers : whisky, jerez (ou xérès), porto, ouzo, boukha, tequila.*

Lever de rideau, l'apéritif tient du rituel, de l'obligation lorsque plusieurs personnes sont conviées, que certaines se font attendre. Cela ne signifie pas qu'il doive s'éterniser ni être privilégié, car il risque de compromettre le meilleur repas. À l'hôte de ne pas trop proposer, à l'invité de refuser les tronçons de chorizo vulgairement pimenté, les amuse-gueule trop salés, le méli-mélo de petits biscuits, les gadgets coupant définitivement la faim – et de se méfier de l'alcool tueur de papilles.

Une mise en bouche apéritive doit ouvrir l'appétit, non calmer la faim. Elle permet de passer en souplesse à table avec les amis, prépare à la dégustation. Rien de plus : plats et vins ne se savourent plus quand on a abusé des petites « cochonneries » standardisées, trop bu, mélangé les boissons. Il faut s'en tenir aux amuse-bouches peu salés, en rejetant les chips et les produits élaborés pour donner soif, éviter le sucré, ne pas grignoter machinalement.

La gamme des hors-d'œuvre apéritifs est inlassablement étendue par les industriels de l'alimentation : olives simples ou farcies, cacahuètes trop salées, à proscrire, noix de cajou ennemies du vin, allumettes et chips bêtement assoiffantes, quiches miniatures, mini-pizzas, radis, branches de céleri à croquer, légumes crus émincés, tomates cerises fourrées de fromage frais à la ciboulette, lamelles de jambon séché, rillons, petites saucisses, tranches de saucisson ou de jambonneau, tartines de rillettes, de tarama, canapés froids de toutes sortes,aux anchois, au saumon fumé, aux crevettes, au blanc de volaille... C'est souvent médiocre. C'est parfois très bon : gare, alors, au repas de tapas, à la dérive vers la kémia (cela régale souvent, mais l'excès de bonnes choses en une infinité de portions ne peut préluder qu'à un repas simpliste). Le caviar étant hors de prix – et rien n'étant pire qu'un mauvais caviar –, il est courant d'étaler sur canapés des œufs de saumon, pas mauvais, voire de lump, pas chers, secs et déplaisants, ainsi que la provençale poutargue. Ces œufs de poissons différemment préparés n'appellent pas forcément le vin et s'entendent mal avec la majorité des apéritifs de marque.

Il est toujours préférable de ne proposer que deux ou trois boissons apéritives alcoolisées, pour éviter dispersion et mélanges, sans oublier le jus de tomate ou le verre d'eau du convive prudent. Les dégustateurs gourmets et gourmands attendant un plat alléchant s'accommodent d'un choix limité mais équilibré d'apéritifs et s'inquiètent de l'offre de boissons en pagaille. En partie parce que c'est « le moindre risque », ils apprécient le champagne, plutôt blanc de blancs, ainsi que le jerez (ou xérès) qui s'associe discrètement à bien des mets et réplique joliment aux olives, vertes ou noires, quand le Martini n'est pas élu. Ils savourent le porto, ainsi que le banyuls, qui peuvent être superbes, en convenant qu'ils s'expriment moins à l'apéritif qu'avec le foie gras chaud et certains plats.

Les vins liquoreux, obligatoirement de qualité, plutôt jeunes, peuvent apparaître en certaines occasions, mais il faut être singulièrement prudent à leur égard. Un opulent sauternes superbement millésimé, grande merveille, se boit n'importe quand, par pure gourmandise, sans qu'il soit nécessaire de manger, au contraire : sauf circonstances particulières, il est trop riche, trop puissant pour être débouché en avant-garde du repas. Qu'on ne nous dise pas qu'il valorise le foie gras parfois tartiné pour l'accueil des invités ! Le jurançon moelleux et d'autres vins moelleux, voire liquoreux, notamment du Val de Loire, sont préférables. Plusieurs vins doux naturels, dont le muscat de Beaumes-de-Venise, sont autant à leur place en apéritif qu'au dessert. Leur délicatesse sucrée, idéale avec les dés de melon, agréable avec le foie gras, s'offusque malheureusement des cochonnailles et fait grimacer avec quantité de canapés.

Mais pourquoi démarrer sur du sucre ? Le muscat d'Alsace, franchement sec, vivement fruité, dialogue avec plus de mets... et peut être servi à la suite, sur certaines entrées épicées et les asperges. Un simple vin blanc sec, s'il ne soulève pas les passions, se révèle convivial, avec quelques tranches de saucisson comme avec le saumon fumé sur canapé... et les radis. Un graves blanc, un entre-deux-mers, un muscadet plaisent aux crevettes grises, aux bouquets ou à une petite friture ; un savennières ou un quincy aux rillettes ; un cassis, un bandol ou un patrimonio blanc aux petits farcis provençaux. Un mâcon blanc, un saint-véran rafraîchissent sans incompatibilités. De même avec le bourgogne aligoté de qualité. Que l'on y ajoute une tombée de cassis, et cela donne l'éternel Kir, pas déplaisant dans sa banalité (veiller à ce que la crème de cassis soit bonne et justement dosée).

Certains accords régionaux dépaysent aimablement ou répondent à de vieilles habit des : riesling avec de petits morceaux de presskopf, sylvaner avec une tarte aux oignons, crémant d'Alsace avec les bretzels, vouvray sec avec les rillons. On peut jouer avec les rosés, plaisants en été, se faire plaisir d'un rouge léger et frais, camarade des tapas comme du saucisson. Sans parler, en fin d'année, du rituel beaujolais nouveau, agaçant d'être sottement fêté, mais parfois bon. Et même très bon.

Restent les apéritifs de marque... Les gourmets les oublient, mais acceptent un Lillet ou un Martini. Il leur arrive aussi de s'égayer simplement d'une bière, pas trop lourde, parfois coupée d'un doigt de bitter d'agréable amertume, tel le Picon. Quant au whisky... Souhaitons-le pure malt et de grande qualité. Inutile de préciser que deux ou trois whiskies secs réchauffent le cœur et animent la conversation, mais qu'il n'est guère question ensuite de s'intéresser aux subtilités des accords mets/vins.

Reste à évoquer le champagne, plutôt blanc de blancs. Un peu trop systématiquement proposé, notamment au restaurant, c'est l'apéritif par excellence d'un repas raffiné. Pas tellement pour lui-même, mais parce qu'il ne brutalise pas les papilles, alcoolise peu et ne laisse pas traîner des lambeaux de saveur en bouche. Bien des

« mousseux » et crémants valent mieux que les champagnes de base, et coûtent moins cher : attentivement choisis, saumur, vouvray, montlouis, crémant d'alsace, saint-péray, clairette de Die, blanquette de Limoux et autres vins à bulles ont souvent leur place. Beaucoup de Français les différencient-ils, d'ailleurs, des champagnes en dégustation aveugle ? L'ajout de cassis au champagne, sous le nom bête et pompeux de Kir royal, n'apporte pas grand chose, si ce n'est de l'argent aux restaurants, mais une excellente liqueur de cassis et un beau champagne séduisent facilement les convives que les vins ne passionnent pas.

Hors-d'œuvre et entrées

La carte de ce chapitre d'ouverture mêle les produits et les genres culinaires, le cru et le cuit. Quels que soient les conseils ici dispensés cas par cas, il faut penser au plat venant après l'entrée. Il s'avère, bien sûr, préférable de choisir le premier vin « un cran au-dessous », pas trop encombrant.

Plutôt un blanc, mais c'est bien loin d'être impératif. Il se peut d'ailleurs, et c'est le plus courant, que le repas se fasse autour d'un seul vin, quand ce ne serait que pour des raisons économiques. Cela oblige à harmoniser les mets et, le plus souvent, à démarrer sur des saveurs relativement discrètes, nous l'avons déjà souligné (il n'est pas aisé de trouver de points communs entre des escargots sentant l'ail et des rognons, une piperade et un poisson rehaussé d'un beurre blanc).

Les consommés peuvent appeler un verre de jerez (xérès), les soupes rustiques trouvent en certains vins, également rustiques, de très bons accompagnements, les soupes de poisson n'obligent pas à repousser le verre, bien au contraire, s'il est empli d'un vin blanc sec. Il n'est cependant pas nécessaire de tirer à la ligne au sujet des accords... entre liquides. Les consommés, les bouillons de toutes sortes, les potages et les soupes n'obligent en aucun cas à déboucher une bouteille. Disons que l'on peut proposer le vin du plat suivant, s'il convient, si on l'a ouvert pour qu'il s'aère : il serait absurde d'en faire plus.

Crudités, salades vertes et composées, mesclun

Un verre d'eau ? le petit blanc de l'apéritif, s'il est sec et vif ? un rouge primeur de caractère accommodant ? le petit rosé qui fait chanter sous la tonnelle ?

Frisée, mâche, laitue, batavia, romaine, mesclun, chou rouge, tomate, céleri, fenouil, radis, concombre et crudités de tous les jardins s'entendent inégalement avec le vin, lui cherchent querelle, l'éclipsent. Les mésententes et les heurts sont accentués par les assaisonnements, notamment ceux qui apportent de l'acidité (les bons vinaigres de vin correctement dosés ne sont pas trop méchants).

La vinaigrette classique, que les Anglo-Saxons appellent *french dressing*, la forte tombée de jus de citron, la mayonnaise et le fromage blanc à la ciboulette ne favorisent pas les accords. L'ail fait son numéro, les oignons ne se laissent pas ignorer, l'huile tapisse la bouche – parfois délicieusement, mais ça englue les papilles. Sans parler des explosives « gouttes de tabasco », des sauces de toutes couleurs et toutes épices, de la sauge...

Bref : il est plus prudent de garder son verre très en retrait de l'assiette. Un blanc frais, floral et rond, est de moindre risque... Entre sec et sec tendre. Un rosé plus ou moins nerveux ? si l'huile d'olive ne chante pas trop fort, si le vinaigre est de bonne origine vineuse. Mais cela n'ira pas loin... La rencontre avec un rouge peut faire grimacer, et ne vaut rien au vin tannique et puissant ou, au contraire, très civilisé par l'âge. Si l'on reste sur cette couleur, que ce soit avec un primeur trop gamin pour se vexer d'une mauvaise rencontre ou avec une vin de pays dont l'étiquette fait penser aux vacances.

■ Blanc

Coteaux-d'aix • Côtes-de-provence • Cassis • Bourgogne aligoté • Mâcon • Beaujolais blanc • Muscadet • Sylvaner • Alsace pinot blanc • Edelzwicker • Entre-deux-mers • Graves de Vayres • Minervois • Sancerre • Pouilly-sur-loire • Coteaux-du-giennois • Cheverny.

■ Rosé

Côtes-du-rhône • Costières-de-nîmes • Côtes-de-provence • Vin de Corse • Corbières • Fronton • Bordeaux clairet • Chinon.

■ Rouge

Servir frais. Vins primeurs • Côtes-du-ventoux • Côtes-du-luberon • Côtes-de-provence • Beaujolais • Touraine gamay • Côtes-d'auvergne • Vin du Bugey marqué gamay.

Salade niçoise

La salade des vacances, gaiement appétissante, pas favorable au vin pour cela. Les filets d'anchois, les petites olives noires et les œufs durs font un joyeux chahut, et ne se gênent pas pour bousculer le vin. Presque obligatoirement un blanc... mais qui interdirait le rosé sur la Côte ?

■ Blanc

Coteaux-d'aix • Côtes-de-provence • Cassis • Coteaux-de-pierrevert • Coteaux-varois • Bellet blanc • Côtes-du-vivarais • Viognier de l'Ardèche.

■ Rosé

Côtes-de-provence • Vins de pays des Maures, des Bouches-du-Rhône, du Vaucluse, du Gard, de l'Hérault.

Salade russe

Carottes et navets taillés en jardinière, haricots verts en petits dés, petits pois, flageolets, chou-fleur. De la mayonnaise. C'est délicieux, coloré et frais. Qui parle de vin ?

■ Vins

Voir Crudités, salades vertes et composées, mesclun, p. 14.

■ Pourquoi pas ?

Un verre d'eau. Mais cette entrée, comme les salades, ne donne pas soif.

Salade de tomates et mozzarella

Les tomates crues ne sont ni pour ni contre le vin, mais ne font rien pour honorer un bon rouge. La mozzarella, généralement à base de lait de vache (toute l'Italie ne trait pas la bufflonne, comme le Latium !), a un goût peu accentué, d'une douceur enrobante, pas davantage avantageux pour les rouges à personnalité. Un blanc aimable ou, mieux, un rosé, ici tout à fait à sa place, bien que peu flatté par la rencontre.

■ Rosé

Marsannay • Bordeaux clairet • Corbières • Tavel • Lirac • Côtes-du-rhône • Costières-de-nîmes • Coteaux-du-tricastin • Palette • Coteaux-d'aix • Bandol • Patrimonio • Vins de Corse • Coteaux-du-languedoc.

■ Blanc

Côtes-du-rhône • Côtes-du-rhône villages • Côtes-de-provence.

Haricots verts vinaigrette

Les haricots vert n'aiment pas le vin, qui le leur rend bien. La vinaigrette ne les pacifient pas. Un rosé expressif, de fraîche acidité, tire son épingle du jeu, mais il y a coexistence méfiante plus qu'association.

■ Rosé

Si l'on y tient... Alsace pinot noir • Sancerre • Reuilly • Marsannay • Saint-pourçain.

■ Pourquoi pas ?

Un verre d'eau.

CHAMPIGNONS À LA GRECQUE

Les champignons sont neutres ; l'huile d'olive et le citron fredonnent en duo, loin du vin. Si la bouteille de rosé est débouchée...

■ Rosé

Voir Haricots verts vinaigrette, ci-dessus.

SALADE D'ARTICHAUTS

Qui s'acharne sur la base charnue des feuilles et se sert de celles-ci comme de cuillers pour lapper la vinaigrette n'a pas besoin de vin. Mais le cœur de l'artichaut accepte un rosé rond et frais quand l'huile et le vinaigre ne s'interposent pas.

■ Rosé

Sancerre • Reuilly • Touraine • Vin de pays du « Jardin de la France » (sauvignon) • Marsannay • Saint-pourçain.

ARTICHAUTS À LA BARIGOULE

Mangés tièdes ou froids, de petits artichauts violets revenus dans une cocotte. Le parfum de l'huile d'olive et des oignons émincés, un rien de petit salé ou quelques lardons... Un régal provençal et niçois. Pour une éventuelle petite soif et la couleur locale, sans prétendre à dégustation : un blanc sachant s'effacer aimablement ou un rosé, plus solide compagnon – l'un ou l'autre issus des vignes méditerranéennes.

■ Blanc

Coteaux-d'aix • Les baux-de-provence • Côtes-de-provence • Coteaux-de-pierrevert • Coteaux varois • Cassis • Bandol • Bellet.

■ Rosé

Les mêmes appellations.

■ Rouge

Pas exclu, pas valorisé. Les mêmes appellations.

CÉLERI RÉMOULADE

Le vin se remet mal de la rencontre, et n'apporte pas grand-chose. Mais l'on n'a pas envie d'eau.

■ Rosé

Saint-pourçain • Alsace pinot noir • Vin de pays du « Jardin de la France » (sauvignon).

■ Pourquoi pas ?

Un verre vide.

Choucroute crue vinaigrette

Tout dépend de la garniture. Les Alsaciens pencheraient plutôt pour du cervelas... et un blanc d'Alsace. Simple et, surtout, sans sucre résiduel. Un rosé sans prétention irait avec la charcuterie, mais devrait garder ses distances avec la choucroute.

■ Blanc

Edelzwicker • Sylvaner • Alsace pinot blanc • Petit riesling.

■ Rosé

Alsace pinot noir.

Melon

Aucun vin ne répond parfaitement au melon gorgé de soleil et de sucre. Verser du porto rouge dans le fruit simplifie les choses... assez sottement. Le célèbre vin muté portugais, qui gagne à être bu dans un verre, quand il est bon, peut être remplacé par divers vins doux français : un beau banyuls, un rivesaltes, un maury. On pourrait aussi rester sur le madère qui aurait été servi à l'apéritif. Dans un registre différent, les muscats apportent avec bonheur le salut sucré du raisin au puissant melon (attention : le muscat alsacien, trop sec, serait éclipsé).

La juxtaposition de fines tranches de melon et de jambon cru, français, italien ou espagnol, dirige vers les rosés friands, cependant charpentés, et les rouges peu tanniques à boire frais. On peut s'en tenir à ces vins, sans l'entremise importante du jambon, mais ils s'expriment peu devant le melon seul.

■ Blanc

Muscat de Beaumes-de-venise • Muscat de Frontignan • Muscat de Rivesaltes • Muscat du cap Corse • Coteaux-de-l'aubance et coteaux-du-layon pas trop chargés en sucre.

■ Rosé

Tavel • Lirac • Coteaux-d'aix • Coteaux-de-provence • Vin de Corse • Corbières.

■ Une belle bouteille

Beaumes-de-Venise : Domaine de Coyeux • Coteaux-de-l'aubance : Domaine de Montgilet, Victor Lebreton • Muscat du cap Corse : Domaine Antoine Arena.
Avec le melon/jambon (de préférence melon/parme) • Tavel : Château d'Aquéria • Vin de Corse Calvi : Clos Landry.

■ Et aussi...

Les vins doux naturels • Rivesaltes : Domaine Cazes frères • Banyuls : Domaine du Mas Blanc, L'Étoile, Clos de Paulilles, Cellier des Templiers • Maury : Domaine La Pléiade.

Asperges

Blanche, violette ou verte, grosse ou fine, l'asperge impose l'un des goûts végétaux les plus marqués, qu'elle soit servie chaude ou tiède. La multitude des accompagnements, du beurre fondu clarifié à la mousseline, de la vinaigrette à la sauce hollandaise, ne simplifie pas le choix du vin, qui doit s'accommoder de l'amertume et risque des assaut vinaigrés. Plutôt un blanc sec, assez jeune, pas trop charpenté. Un muscat d'Alsace (nous précisons volontairement), sec, agréablement fruité, s'accorde à merveille dans la plupart des cas. Une clairette de Die à l'arôme de muscat (sec), ou un champagne, pas forcément blanc de blancs, répondent éventuellement de leur envol de bulles à la sauce mousseline. Les rosés souples et frais passent, sans révéler le meilleur d'eux-mêmes. Les rouges sont indésirables.

■ Blanc

Muscat d'Alsace • Alsace pinot blanc • Alsace pinot gris • Savennières • Anjou • Vouvray sec • Condrieu • Viognier de l'Ardèche • Côtes-du-rhône viognier.

■ Rosé

Alsace pinot noir • Marsannay • Sancerre • Costières-de-nîmes • Vin des sables.

Tapenade

Sur du pain grillé, c'est un amuse-gueule ensoleillé, un hors-d'œuvre pouvant se déguster debout sur la terrasse, plus qu'une « entrée ». Cette purée d'olives, d'anchois et de câpres, liée à l'huile d'olive, a trop d'accent pour servir le vin, mais accepte la compagnie de côtes-du-rhône septentrionaux blancs, qui lui tiennent tête. Les blancs de Provence sont conviés, au risque d'être écrasés. Comme avec beaucoup d'autres préparations méridionales, les rosés, pas vraiment dégustés, font « saveur locale » – comme on dirait « couleur locale ».

■ Blanc

Saint-joseph • Saint-péray • Crozes-hermitage • Côtes-de-provence • Cassis.

■ Rosé

Coteaux-d'aix • Côtes-de-provence • Coteaux-de-pierrevert • Coteaux-varois • Cassis.

Caviar d'aubergines

Comme la tapenade, mais de saveur moins forte, une préface au repas. Mélangée à l'huile d'olive, avec une pointe d'ail et, facultativement, de cumin, la pulpe d'aubergine impose une certaine saveur, mais n'accapare pas la bouche. Un blanc assez rond.

■ Blanc

Anjou sec • Saumur-champigny • Touraine sauvignon • Coteaux-du-giennois • Saint-joseph.

■ Rosé

Si l'on y tient ! Voir Tapenade, p. 18.

Tomates farcies – Petits farcis niçois

Les tomates, à l'exception de certains sauvignons, ne suggèrent aucun vin spécialement. Pas davantage les autres légumes, s'il s'agit des joyeux petis farcis niçois. Tout juste remarquera-t-on qu'il ne faut pas ajouter à une éventuelle acidité légumière, et que le sucré passerait mal. Tout dépend de l'intensité de l'assaisonnement. S'il a un accent tranquille, un blanc de Provence bien fait, guère acide. Si l'ail et les herbes chantent comme des cigales, un blanc pas plus acide, mais plus puissant, plus charpenté, de la vallée du Rhône (cépage marsanne). Au passage, on débouchera quelque côtes-du-rhône villages rouge, susceptible de fraterniser.

■ Blanc

Bellet • Cassis • Palette • Côtes-de-provence • Coteaux-d'aix • Hermitage • Crozes-hermitage • Saint-joseph.

■ Rosé

Voir Tapenade, p. 18.

■ Rouge

Côtes-du-rhône villages • Côtes-du-ventoux • Gigondas • Vacqueyras.

Poivrons rouges grillés

Aucun vin ne s'impose : rouge ou blanc, à pile ou face... ou un rosé. De souple rusticité, sans trop de caractère.

■ Blanc

Côtes-de-provence • Mâcon • Muscadet • Entre-deux-mers.

■ Rosé

Lirac • Costières-de-nîmes • Bordeaux clairet ou bordeaux rosé.

■ Rouge

Servir frais. Béarn • Coteaux-du-tricastin • Côtes-du-luberon • Côtes-de-provence.

■ Pourquoi pas ?

Comme avec beaucoup de salades : un peu d'eau... ou un verre vide.

Piperade

Piper, en basque : piment. Faisant chanter en chœur poivrons doux, tomates et un rien de piment parfumé (d'Espelette, ça va de soi), plus ou moins rehaussée d'ail et d'oignon, adoucie par les œufs, la piperade vive et légère gagne à être agrémentée avec du jambon. Rouges jeunes, servis aux alentours de 15 °C, que l'on s'amusera à choisir dans le Sud-Ouest en essayant d'éviter l'excès de rudesse tannique (les vins denses au caractère affirmé se tiennent à distance des poivrons et des œufs). Rosés de bonne tenue.

Rouge

Servir frais. Entre le toulousain et l'atlantique, se méfier de l'excès de robustesse. Irouléguy • Béarn • Madiran léger • Côtes-de-saint-mont • Cahors jeune • Pécharmant • Fronton • Chinon • Anjou villages.

Rosé

Irouléguy • Fronton • Buzet • Bordeaux clairet • Vin de Corse • Bandol • Côtes-de-provence.

Blanc

Si l'on veut... Irouléguy • Tursan • Petit graves • Côtes-de-duras sec • Touraine • Petit sancerre.

Œuf dur mayonnaise, œuf en gelée

L'œuf, sauf poché au vin rouge, n'est ami d'aucune appellation. Il perturbe même la dégustation. Un blanc simple. Très simple si l'on rajoute de la mayonnaise.

Blanc

Alsace pinot blanc • Mâcon • Côtes-de-provence.

Œufs en meurette

L'œuf devient plus aimable avec le vin quand il est préparé avec des lardons, des champignons, de petits oignons. La recette étant bourguignonne... le vin sera bourguignon (mais pas de grande bouteille). Certains beaujolais fraternisent.

Rouge

Bourgogne léger • Irancy • Mâcon • Beaujolais.

Œufs brouillés aux truffes, omelette aux truffes

La truffe est une grande amie du vin. Au point de presque le réconcilier avec l'œuf, qui se gorge de sa saveur (cela peut se faire au travers de la coquille) et la rediffuse merveilleusement... Ne pas choisir une trop grande bouteille cependant ! Plutôt un rouge, rond, presque velouté, pas trop puissant.

Vins

Les plus simples des vins amis de la truffe. Voir notice suivante.

Truffe

Une merveille qu'une truffe entière à la croque au sel, ou cuite sous la cendre, si ce n'est à l'étouffée. Mais le tubercule encore mystérieux, retrouvé au cours du repas avec de nombreux apprêts, souvent dits « à la périgourdine », se signale de bien des façons dès l'entrée, en rehaussant de sa forte saveur maintes préparations. De l'Ouest et du Sud-Est de la France, d'Espagne et d'Italie (le Piémont fournit aussi une délicate truffe blanche), la truffe est splendide fraîche, de novembre à février, mais séjourne sans dommage au congélateur et garde du tonus, en conserve, lorsqu'elle n'a subi qu'une stérilisation. Les rouges, notamment les pomerols, le châteauneuf-du-pape, les meilleurs gigondas et les bandols puissants un peu vieillis, sont de splendides compagnons. Mais il faudra que le repas monte singulièrement en force par la suite, si l'on débute sur de tels accords. Les blancs posent moins de problème d'escalade, bien qu'il faille les choisir denses, longs en bouche. Les plus beaux bourgognes blanc, l'hermitage... La truffe fait rêver.

■ Rouge

Pomerol • Haut-médoc • Médoc • Graves • Bandol • Madiran de qualité et évolué • Châteauneuf-du-pape • Gigondas • Bandol.

■ Blanc

Puligny-montrachet • Meursault • Hermitage • Crozes-hermitage • Saint-joseph.

■ Une belle bouteille

Sous toutes ses formes, tout au long du repas, la truffe donne envie de beaux et grands vins ayant quelques années de cave. Ceux que nous citons sont, toutes proportions gardées, de bon rapport qualité/prix.
Il est évident que les sommeliers des restaurants de luxe proposent facilement les vins des plus célèbres domaines et des meilleurs millésimes. Là, il n'est plus question de prix.
Canon-fronsac : Château Pey-Labrie • Pomerol : Château La Croix du Casse • Hauts-médocs et médocs : Château Sociando-Mallet, Château Coufran, Château La Tour de By, Château Potensac, Château Les Ormes-Sorbet, Château Noaillac • Bandol : Château de Pibarnon • Puligny-montrachet et meursault : Olivier Leflaive • Hermitage, saint-joseph, crozes-hermitage, saint-péray : M. Chapoutier, Cave de Tain l'Hermitage, Domaine Bernard Gripa, Domaine Jean-Louis Grippat.

TARTE À L'OIGNON, QUICHE AUX POREAUX

Inutile d'en faire trop : un blanc agréable et de désaltérante acidité suffit. Pas de problèmes avec les bons alsaces courants pas chargés de sucre résiduel.

■ Blanc

Edelzwicker • Alsace pinot blanc • Petit riesling • Mâcon • Saint-véran.

Quiche lorraine

Les mêmes vins qu'avec la tarte à l'oignon et la quiche aux poireaux, mais les lardons et la crème épaisse autorisent que l'on cherche plus de rondeur, une opulence tendre.

■ Blanc

Voir notice précédente. Alsace pinot gris • Vouvray sec • Savennières.

Pizzas diverses

Autant de vins que de garnitures... Pas de grandes bouteilles, pas de blancs moelleux ou liquoreux, pas de rouges astringents. Pourquoi pas un rosé fédérateur ?

■ Rosé

Tavel • Lirac • Côtes-de-provence • Corbières • Bordeaux clairet • Marsannay.

■ Blanc

Touraine (sauvignon) • Coteaux-du-giennois • Alsace pinot blanc.

Bouchée à la reine

Hommage à Marie Lesczynska, reine de France, qui aurait eu l'idée de ce petit vol-au-vent. La croûte en feuilletage est garnie, le plus souvent, d'une préparation à base de champignons, blanc de volaille cuit et, facultativement, de quenelle fragmentée, de jambon, de ris de veau. La truffe pouvant venir en renfort... Le tout est lié avec une sauce blanche généralement crémée et enrichie de jaune d'œuf. Plutôt un blanc assez opulent, donc. Mais il faut que la bouchée à la reine le mérite (gare aux propositions des supermarchés !).

■ Blanc

Meursault • Puligny-montrachet • Mâcon villages, pouilly-fuissé, pouilly-loché, pouilly-vinzelles très ronds • Savennières.

Vol-au-vent financière

L'expression « vol-au-vent » désigne la croûte en feuilletage, banalisée par de multiples emplois, mais l'apprêt dit « financière » relève essentiellement de la haute restauration classique : outre la crème et les œufs, il demande des produits rares et coûteux (crêtes et rognons de coq, écrevisses, truffes, etc.) et du savoir-faire. Un grand bourgogne blanc ? dans un grand restaurant, assurément.

■ Blanc

Meursault • Puligny-montrachet • Chassagne-montrachet • Mâcon villages et pouillys (voir Bouchée à la reine • Certains graves et pessac-léognan.

Filets de harengs pommes à l'huile

Une spécialité flamande devenue très populaire en France... Le hareng saur, salé et légèrement fumé (il se vend en filets), a une saveur à la fois douce et puissante, à laquelle s'ajoute celle des oignons. Elle pénètre les pommes de terre, s'épanouit dans l'huile, emplit la bouche. Un régal encombrant. Vin blanc d'acidité vive obligatoire, si l'on ne fait pas mousser une bière. Muscadet de préférence.

■ Blanc

Muscadet • Gros-plant • Bourgogne aligoté • Touraine (sauvignon) très sec.

■ Et aussi...

Bière blonde.

Rollmops, hareng de la Baltique

Que le hareng ouvert et peu salé s'enroule ou non sur un cornichon, peu importe... La marinade dans le vinaigre ne facilite pas le contact avec le vin. Un blanc nerveux.

■ Blanc

Voir Filets de harengs pommes à l'huile. Peut-être un sancerre ou un pouilly-fumé pas trop typé.

Saumon fumé

Norvégien, danois, écossais ou irlandais, le saumon est souvent consommé fumé. Et est devenu populaire : les grandes surfaces proposent fréquemment de bons produits, assez moelleux. Il constitue une entrée savoureuse, généralement avec toasts ou blinis. Les affinités du saumon fumé avec le vin, qu'il risque de dominer ou de heurter, ne sont pas évidentes (un blanc nécessairement, légèrement acide, fruité sans excès, pas trop léger). Par goût, ou pour simplifier, une bière ou, mieux, un alcool de grain servi frappé.

■ Blanc

Chablis • Meursault (inutile de choisir une grande bouteille) • Rully • Givry • Mâcon blanc • Pouilly-fuissé • Alsace pinot gris • Riesling un peu vieilli.

■ Une belle bouteille

Pourquoi pas ? Surtout si une autre entrée de poisson est sur la table.

Chablis : Premier Cru Domaine Raveneau, Domaine Vincent et René Dauvissat, Domaine Laroche, Domaine Jean-Pierre Grossot • Givry : Maison Louis Jadot • Pouilly-fuissé : Domaine Daniel et Martine Barraud : Maison Georges Dubœuf.

■ Et aussi...

Bière blonde • Aquavit • Vodka • Certains schnaps (korn) • Aquavit parfumé à l'aneth.

Tarama, poutargue

Plutôt servis en apéritif, faisant partie des mézés grecs ou de la kémia tunisienne, ces œufs de poisson travaillés en pommade ou séchés vont avec des blancs simples, assez robustes. Les taramas vendus dans les supermarchés, moins « iodés », comme adoucis, s'entendent avec des blancs d'une certaine finesse, voire avec le champagne.

■ Blanc

Côtes-de-provence • Riesling jeune.

■ Et aussi...

Vodka • Boukha (eau-de-vie de figue) avec la poutargue • Ouzo éventuellement (avec taramas et mézés, mais l'anis est envahissant).

Caviar, œufs de saumon

Produit de luxe hier, de grand luxe aujourd'hui, le caviar (des œufs d'esturgeon) est plus ou moins gras, plus ou moins iodé, plus ou moins salé.

Vin blanc sec, assez expressif, champagne ou vodka – cette dernière posant moins de problèmes, quelle que soit la « puissance » du caviar. Même programme pour les œufs de saumon, ce « caviar » rouge de prix modéré.

■ Blanc

Sancerre • Pouilly-fumé • Riesling • Graves.

■ Et aussi...

Champagne brut corsé • Vodka glacée.

Poisson cru mariné, tartare de poisson, salade de Saint-Jacques

L'assaisonnement joue, bien sûr, et parfois beaucoup. Quoi qu'il en soit, un blanc sec. Éviter l'opulence, le fruité marqué.

■ Blanc

Muscadet • Chablis • Graves • Entre-deux-mers • Sancerre assez strict • Riesling pas trop typé.

Terrines de fruits de mer, de poisson

Difficile de généraliser, tant les produits de la mer utilisés et les ingrédients sont nombreux. Un blanc sec, de toute façon. On ne court guère de risques avec un chablis !

■ Blanc

Petit-chablis • Chablis • Muscadet pas trop vert • Graves • Entre-deux-mers.

Fritures de poissons

Mer ou rivière ? D'éperlans, d'équilles ou de petits goujons ? Là aussi, impossible de faire des prescriptions sur mesure. Se méfier de la forte tombée de citron et aller vers un blanc sec simple.

■ Blanc

Voir notice précédente. Mâcon • Saint-véran • Beaujolais blanc.

Escargots (diverses préparations)

Gros bourgognes ou petits-gris, les escargots font partie du patrimoine culinaire français, mais sont devenus rares dans l'Hexagone : la plupart proviennent de l'étranger. Ils sont souvent farcis de beurre à la bourguignonne, mêlé d'échalote, de persil et d'ail fréquemment trop envahissant. Les escargots se préparent aussi au vin, avec du lard ou de petits dés de jambon. Il leur arrive de flirter avec le romarin et le fenouil, de fraterniser dans l'huile d'olive avec l'oignon et le laurier, d'être simplement grillés. Les accommodements, souvent plus importants que l'escargot lui-même, font parcourir presque toute la carte des vins, à la recherche d'hypothétiques accords parfaits.

C'est, dans l'ensemble, avec les blancs, pas forcément de Bourgogne, loin de là, que l'on prend le moins de risques, à condition de se garder du sucre. Les rosés frais et ayant un certain corps s'arrangent de bien des préparations « non bourguignonnes ». Les rouges, notamment de la vallée du Rhône ou du Languedoc-Roussillon, sont envisageables quand l'ail se fait discret ou se tait, quand le beurre parfumé ne déborde pas des coquilles.

■ Blanc

Presque obligatoire avec les préparations courantes très aillées. Chablis • Meursault (surtout pas de grande bouteille) • Mâcon • Côtes-de-provence • Alsace pinot blanc.

■ Rosé

Lirac • Costières-de-nîmes • Côtes-de-provence • Bandol • Vin de Corse Calvi • Côtes-du-roussillon.

■ Rouge

Avec la plupart des préparations méridionales. Corbières • Minervois • Fitou • Côtes-du-roussillon • Collioure • Coteaux-du-languedoc • Faugères • Vacqueyras • Coteaux-du-tricastin • Côtes-du-ventoux.

Cuisses de grenouilles

Une des curiosités de la gastronomie française, laissant perplexes nombre d'étrangers... Les cuisses de grenouilles, dont on raffole dans le Poitou, dans la Dombes pourvoyeuse, dans le Lyonnais et la Bresse, en Alsace, ont une saveur fine, à la limite peu perceptible, qui demande à être relevée. Les cuisses peuvent être sautées (à l'ail souvent, de façon fréquemment excessive), frites, apprêtées aux fines herbes, à la crème, en blanquette. Les accords se font surtout avec les blancs, du muscadet pas trop agressif jusqu'au riesling jeune, des bourgognes simples aux côtes-du-rhône. Les rosés et surtout les rouges sont à proscrire.

■ Blanc

Mâcon • Bourgogne aligoté • Chablis • Meursault (si l'ail se fait sentir : pas davantage de grande bouteille qu'avec les escargots) • Riesling • Crozes-hermitage • Saint-joseph • Côtes-du-rhône.

Foie gras, charcuteries diverses

Escalopes de foie gras de canard

Voir Volaille, p. 127.

Foie gras en terrine et en brioche Pâté de foie gras

Démocratisé et de toutes qualités, maintenant servi en début de repas, le foie gras donne lieu à diverses cuissons et préparations, à subtiles variations, mais sera proposé pour l'éternité en gelée, en terrine, en pâté, en brioche, en chausson. Le choix des vins, étendu, dépend de la façon dont il est épicé – éventuellement du plat qui suit, principalement dans l'option « rouges ».

Les vins blancs sont à l'aise en ouverture du repas, qu'ils peuvent avoir précédé en apéritif, notamment s'il s'agit de vins secs tendres, moelleux, voire liquoreux, de vendanges tardives et moindrement de sélections de grains nobles (attention : on ne redira jamais assez que le sucre encombre la bouche). Un bon meursault, bien que le chardonnay ne soit pas un « cépage à foie gras », un graves rond, un jurançon ou un Alsace pinot gris sont évidemment préférables aux grands sauternes et barsacs, ruineux et hors de propos, à n'accepter que jeunes. Et encore... On les préférera aussi au champagne, dont les bulles sont ridiculisées par un foie gras en terrine. Les rouges, également recommandables, font raconter une autre histoire au foie gras. Un médoc racé, évolué, pas trop vieilli, s'accorde à merveille avec un foie gras finement épicé, alors qu'un pomerol ou un saint-émilion s'arrondissent pleinement près d'un foie gras truffé. Le madiran, très Sud-Ouest, doit témoigner d'une rusticité affinée. Un hermitage velouté se laisse inviter avec un foie haut en saveur, fortement épicé, mais ce vin puissant (trop ?) commande que l'on programme à la suite un plat lui convenant.

■ Blanc

Meursault • Puligny-montrachet • Graves • Pessac-léognan • Sauternes et barsacs jeunes • Loupiac et sainte-croix-du-mont (pas les millésimes les plus botrytisés) • Bergerac • Jurançon • Pacherenc-du-vic-bilh • Coteaux-de-l'aubance et du layon d'expression pas trop liquoreuse • Vouvray et montlouis secs ou demi-secs • Gewurztraminer • Alsace pinot gris • Riesling de belle année, si un poisson suit le foie gras.

■ Rouge

Médoc • Haut-médoc • Saint-émilion • Pomerol • Madiran élégant • Cahors et bergerac haut de gamme • Châteauneuf-du-pape et côte-rôtie pas trop jeunes • Hermitage, dans certains cas.

■ Une belle bouteille

En ce qui concerne les liquoreux, choisir, en la circonstance, les bouteilles les moins opulentes. Blanc : **Pessac-léognan : Domaine de Chevalier • Château de Fieuzal • Loupiac : Domaine du Noble • Sainte-Croix-du-Mont : Domaine La Rame • Bergerac : Moulin des Dames du Château Tour des Gendres • Jurançons : Clos Uroulat • Domaine Cauhapé • Alsace pinot gris : René Muré, Léon Beyer • Gewurztraminer : Léon Beyer, Josmeyer • Puligny-montrachet : Domaine Leflaive • Montrachet : Bouchard père et fils • Meursault : Olivier Leflaive**
Rouge : **Château La Tour de By, Château Tour Haut-Caussan, Château Verdignan.**

■ Pourquoi pas ?

Banyuls • Rivesaltes • Maury • Porto.

PÂTÉS ET TERRINES, GALANTINES OU BALLOTINES

Le porc avant tout, mais pas exclusivement, puisque le gibier, la volaille et le veau répondent aussi à l'appel. Avec les pâtés, en croûte ou à trancher, avec les galantines, dites ballotines quand elles sont cuites enroulées dans un linge, avec toutes les élaborations dénommées « terrines », du nom du récipient de cuisson, nous explorons un vaste rayon de la charcuterie. Dont on ne peut qu'esquisser l'inventaire : pâté de campagne, pâtés en croûte chauds et froids, tourtes, pâté de tête (le *presskopf* des Alsaciens), pâtés de Bourgogne, d'Amiens, rennais ou de Chartres, pâté forestier, fricandeau du Sud-Ouest, caillette de l'Ardèche, galantine de volaille, ballotine de caneton, de poularde, de lièvre... Sans parler des rillettes.

Le choix des vins est moins étendu que celui des matières premières, des textures et des assaisonnements, car il est préférable d'éviter le vagabondage vinicole en début de repas. Sauf raffinement particulier, on ne tiendra compte que du produit de base : porc, suggérant plutôt un rouge léger et gouleyant, volaille s'accommodant d'un blanc assez rond, gibier faisant monter d'un cran dans la gamme des rouges.

À tort (parfois) ou à raison (souvent), les Français sont fidèles au rouge. Et font la fête aux vins nouveaux, primeurs fréquemment médiocres, parfois vraies friandises, que tout l'Hexagone célèbre fin novembre. On ne s'interdira pas ces gentils vins de convivialité, qu'ils arrivent du Beaujolais, de Touraine ou du Languedoc-Roussillon, s'ils sont signés par de bons viticulteurs.

■ Rouge

Irancy • Beaujolais • Beaujolais villages • Beaujolais ou beaujolais villages nouveau • Crus du Beaujolais • Alsace pinot noir • Saint-pourçain • Côtes-d'auvergne • Côte roannaise • Touraine (gamay) • Touraine nouveau • Saint-joseph • Cornas • Lirac • Corbières.

Avec une préparation de volaille ou de ris de veau : **Anjou-villages • Chinon • Bourgueil • Saint-nicolas-de-bourgueil • Saint-amour • Chiroubles • Régnié • Graves.**

Si le goût de gibier est assez marqué : **Rully • Givry • Mercurey • Moulin-à-vent • Vin de Savoie mondeuse • Cornas • Saint-joseph • Crozes-hermitage • Bandol • Faugères • Fitou • Corbières • Côtes-du-roussillon villages • Collioure • Saint-estèphe.**

■ Rosé

Sancerre • Saint-pourçain • Marsannay • Alsace pinot noir • Tavel • Lirac • Corbières.

■ Blanc

Montagny • Mâcon • Saint-véran • Alsace pinot blanc • Sylvaner • Sancerre • Quincy • Reuilly. Avec une préparation de volaille : Graves • Mâcon-villages • Rully.

■ Une belle bouteille

Rouge : **Touraine nouveau (gamay) Henry Marionnet • Beaujolais nouveau, beaujolais, beaujolais villages : Domaine Jean-Charles Pivot, Maison Georges Dubœuf, Domaine Pierre-Marie Chermette • Morgon : Louis-Claude Desvignes • Saint-Amour : Domaine de la cave Lamartine • Châteaugay : Domaine Pierre Lapouge • Côte roannaise : Domaine Robert Sérol et fils • Mercurey : Château de Chamilly • Saint-joseph : Domaine Bernard Gripa.**

Blanc : **Mâcon : Domaine André Bonhomme • Alsace pinot blanc : Maison Léon Beyer.**

JAMBONS DIVERS

Le jambon frais se cuisine, mais l'usage courant est d'acheter ce noble morceau du porc « tout prêt », salé, ou salé et fumé, ou salé et cuit, afin de le proposer en entrée basique, voire avec une salade ou quelque purée, en plat quasi unique d'un repas léger. Sans parler des sandwiches.

Le jambon dit de Paris, d'abord salé par injection, puis immergé longuement dans la saumure, moulé, pressé et enfin, cuit, est omniprésent, mais la gamme est étendue, du « jambon de choix », souvent sans saveur, au délectable jambon cuit à l'os, du brun jambon d'York, non désossé, au rose jambon au torchon, du jambon label rouge de Bayonne au jambon d'Auvergne. Il faut également compter avec le jambon serrano, parfois très goûteux, et divers jambons ibériques, fréquemment de qualité, avec le jambon de Westphalie, avec le célèbre et fin jambon de Parme et cette gloire de la charcuterie italienne qu'est le San Daniele à la saveur ronde, presque noisette.

À cette diversité correspond celle des vins, mais il est rare que l'on choisisse une bouteille pour le jambon seul, s'il est servi en entrée ou en hors-d'œuvre apéritif : on continue souvent sur le même vin avec le plat suivant. Les blancs, de « légèrement acides » à « plutôt un peu ronds », vont bien avec les jambons secs et les plus délicats des jambons cuits. Beaucoup de rouges ont leur place, de préférence peu astringents ou de tanins fondus (la plupart des bordeaux, surtout jeunes, restent à l'écart, ainsi que les vins du Sud-Ouest rudement tanniques, utiles seulement quand il y a beaucoup de gras).

Rouge

Bourgognes plutôt jeunes. Irancy • Alsace pinot noir • Beaujolais villages • Morgon • Brouilly • Chénas • Corbières • Côtes-du-roussillon • Collioure • Chinon • Bourgueil • Saint-nicolas-de-bourgueil • Sancerre • Saint-pourçain.

Rosé

Notamment avec le bayonne. Tavel • Rosé des Riceys • Irancy • Saint-pourçain • Côte roannaise • Sancerre • Irouléguy.

Porc froid, andouille, rillettes, rillons

La douceur goûteuse emplit la bouche d'un gras parfois délicieux. Un rouge velouté passerait paisiblement, mais sans éveiller les papilles. À l'instar des frères Hardouin, charcutiers exceptionnels de Vouvray (et traiteurs dans tout le Val des châteaux), il est préférable d'opter pour un vin assez tendre, mais pas moelleux, d'une élégante fraîcheur.

Blanc

Vouvray et montlouis secs • Saumur-champigny • Anjou sec • Savennières • Touraine (sauvignon) • Sancerre • Pouilly-fumé • Reuilly • Côtes-de-duras sec (sauvignon) • Saint-joseph.

POISSONS

Au goût du jour, quoique moins populaire qu'au temps où se pratiquait le « jour maigre », souvent coûteux, lorsque l'élevage n'a pas fait chuter les prix (saumon), le poisson tient une place considérable dans la gastronomie française.

Au goût du jour, quoique moins populaire qu'au temps où se pratiquait le « jour maigre », souvent coûteux, lorsque l'élevage n'a pas fait chuter les prix (saumon), le poisson tient une place considérable dans la gastronomie française.

De mer surtout, de rivière avec un moindre choix (notons cependant l'omniprésence du sandre), il répond aux canons qui s'imposèrent à l'époque de la « nouvelle cuisine » et au souci diététique. Considéré comme « léger », ce qui explique son succès au restaurant, notamment au déjeuner, il est préparé de plus en plus simplement. Cuit avec plus d'attention que par le passé, moins masqué par les sauces, il fait parcourir la grande carte des vins blancs secs ou secs tendres, qui répondent de diverses façons à sa texture, à l'onctuosité d'une préparation. Les poissons de mer autorisent à l'occasion quelques incursions dans les AOC moelleuses, voire des rencontres avec certains rouges, éventuellement assez corsés. Cela reste marginal. Le petit peuple des rivières, moins présent sur la table, préfère de son côté l'élégance discrète à la générosité accaparante.

Quoique de multiples appellations aient droit de table, les erreurs se révèlent plus cruelles au palais qu'avec d'autres produits. On s'amuse d'un vin « coup de poing » avec un pot-au-feu, qui fait tout passer, comme avec beaucoup de viandes soit très cuites, soit puissantes, mais avec un petit rouget de roche, la bouillabaisse et la raie au beurre noir, les mauvaises rencontres font grimacer ! Le pire choc demeure sans doute celui de rouges épais avec un poisson gras et fumé – cela frôle la faute de goût impardonnable –, mais la rencontre de blancs à la mollesse sucrée avec des poissons fortement iodés et celle de blancs trop verts avec bien des apprêts en sauce brutalisent également les papilles.

S'il y a matière à perplexité, notamment quand on désire offrir un grand cru à un poisson de saveur affirmée, on ne s'aventure guère en débouchant des blancs d'acidité et de fruité subtils, dont la rondeur souple n'emplit pas trop la bouche. De l'alsace pinot blanc aux côtes-de-provence et aux graves, en passant par les caves de Chablis, du Mâconnais et du Sancerrois, il est aisé de s'assurer un bonheur tranquille. Que le poisson soit maigre, comme la dorade, le rouget ou la raie, demi-gras, tels les maquereaux et les sardines, ou gras, à l'instar du thon, du saumon, de la lamproie...

Des rapports basiques et francs : un chablis, un sancerre, un muscadet, un rouge servi frais, un champagne maison. Rien de plus...

Priorité au poisson. L'on admet ce parti-pris, notamment avec une cuisine épurée, sans renoncer occasionnellement à la recherche d'accords plus complexes, d'harmonies inhabituelles. Les savennières, les vouvrays, les touraines, les sancerres typés, les alsaces et les côtes-du-rhône, septentrionaux ou méridionaux, les vins de Corse, du Languedoc et du Roussillon ont droit à la mer et à la rivière. Quant aux vins d'un certain mordant, ce sont les seuls, à la suite du muscadet, qui sachent répondre... aux sardines en boîte.

Le beurre, la crème, l'huile d'olive, les herbes, les épices, l'ail, la tomate, les apprêts et les garnitures comptent beaucoup, parfois énormément : les variations sont infinies et les extrapolations plus faciles à imaginer qu'avec la viande ; les chefs ajoutent inlassablement le presque inédit à l'inédit, y compris lorsqu'ils conseillent les fabricants de plats sous vide ou surgelés. Certaines recettes font préférer un vin opulent, dans la gamme habituelle, d'autres poussent à vagabonder hors des appellations convenues, dirigeant même, avec quelques poissons, vers des rouges assez étoffés au tanin calme.

(L'originalité systématique n'étant pas de propos dans cet ouvrage pratique, ce chapitre multiplie les répétitions et les renvois de notice à notice. Que le lecteur pardonne ces redites, lassantes lors d'une lecture globale ! Sans jouer la simplicité absolue, comme les Minchelli, nous avons refusé la fausse diversité et le recours ostentatoire aux petites appellations peu connues. Par ailleurs, comme en d'autres chapitres, et davantage encore, nous écartons les vins que leur superbe met hors de prix, tels les montrachets, les batards-montrachets,les plus célèbres châteaux de l'appellation pessac-léognan.)

POISSONS DE MER

TURBOT GRILLÉ OU RÔTI

L'encombrant poisson pour lequel on a inventé la turbotière, afin de le cuire entier, est un des rois de la mer. Souvent en filets, en tronçons, il a une chair blanche délicieusement délicate, dont la cuisson doit respecter la souple fermeté. En priorité, les grands blancs classiques, avec ce qu'il faut de rondeur, vins souvent évoqués dans ce chapitre. Dans les appellations peu connues, prêter particulièrement attention au talent du viticulteur. Sans chercher la verdeur, fuir le sucre résiduel (que le turbot ne rencontre amicalement qu'à l'occasion d'une rare préparation au sauternes).

■ Blanc

Jeune ou assez jeune. Attention, cependant, aux arômes boisés et vanillés de certains vins trop vite sortis de cave. Chablis (aborder les grands et premiers crus si l'on peut se le permettre) • Meursault • Puligny-montrachet • Mâcon villages • Pouilly-fuissé • Pouilly-loché • Pouilly-vinzelles • Riesling discret • Alsace pinot gris pas trop parfumé • Graves et pessac-léognan fins, discrètement marqués par le boisé • Divers bordeaux blancs que le bois n'a pas raidis.

■ Une belle bouteille

(On puisera souvent dans cette liste en venant d'autres notices : les vins cités sont grands amis de beaucoup de poissons). Chablis : Domaine Jean Durup, Domaine Raveneau, Domaine R. et V. Dauvissat, Domaine Jean-Paul Droin, Domaine Laroche, La Chablisienne • Puligny-montrachet : Domaine Leflaive, Maison Louis Jadot • Mâcon : Roche Vineuse Domaine Olivier

Merlin • Pouilly-fuissé : Château de Fuissé • Pessac-léognan : Domaine de Chevalier, Château Carbonnieux, Château de Fieuzal • Graves : Château de Chantegrive, Château Reynon.

Pourquoi pas ?

Un champagne brut, plutôt blanc de blancs. Pratique quand on manque d'idées, lorsque les convives choisissent divers poissons et des apprêts différents. Convient aussi au turbot poché.

Turbot poché sauce hollandaise

La sauce apporte plus de douceur, malgré le jus de citron ; la texture du poisson s'impose moins. Seront en concordance des vins assez tendres, ou les mêmes que précédemment, de millésime plus riche, plus âgés.

Blanc

Voir notice précédente • Savennières • Vouvray et montlouis aussi secs que possible. • Riesling vieilli • Alsace pinot gris • Condrieu • Certains côtes-du-rhône villages • Côtes-de-provence assez riches et gras.

Une belle bouteille

Savennières : Domaine du Closel, Château d'Épiré • Alsace pinot gris : Comtes d'Eguisheim de Léon Beyer, Altenberg de Marcel Deiss • Riesling : Cuvée des Écaillers de Léon Beyer • Côtes-du-rhône viognier : Domaine Les Goubert • Côtes-de-provence : Domaine de la Courtade.

Barbue et carrelet (diverses préparations)

Proches du turbot, la barbue et le carrelet se préparent de façon identique. Mêmes cuissons, recettes et vins. Les préparations à la crème orientent généralement vers des vins souples et tendres, mais aussi vers un très beau riesling. Celles que l'on peut dire à la provençale ou à la niçoise vers des vins des Côtes-du-Rhône septentrionales ou de Provence s'entendant avec l'huile d'olive et l'ail.

Blanc

Voir Turbot • Si préparation crémée pas trop fade : anjou sec, savennières, saumur-champigny, vouvray, montlouis, meursault, Alsace pinot gris, riesling • Si préparations « méridionales » : crozes-hermitage, saint-joseph, coteaux-d'aix, les baux-de-provence, palette, côtes-de-provence.

Limande

Préférer la limande-sole, plus fine. La cuisiner comme le turbot et la barbue et en rester aux mêmes vins. Sans chercher particulièrement grandes années ni grands crus.

Sole grillée ou meunière

Aujourd'hui chère, la sole peut être exquise, délicieusement moelleuse, mais il arrive qu'elle soit sèche et fade : sa saveur dépend de la fraîcheur, de l'origine (proximité des côtes ou profondeurs du grand large, eaux plus ou moins froides...). Souvent débitée en filets, quand elle n'a pas la taille « sole-portion », appréciée quasi unanimement, notamment par les enfants, elle subit mille et un apprêts, en grande cuisine comme en cuisine « ménagère ». Les plus simples étant les meilleurs, quand le poisson est parfait. Le vin ? Un blanc plus ou moins ample, franchement sec, net et droit, que l'on évitera de contrarier en pressant trop de citron sur le poisson.

■ Blanc

Muscadet (surtout avec la sole grillée) • Chablis, possible d'un beau cru • Meursault • Puligny-montrachet • Mâcon villages • Pouilly-fuissé • Pouilly-loché • Pouilly-vinzelles • Saint-véran • Alsace pinot blanc • Riesling • Graves • Entre-deux-mer de qualité, pas trop floral • Bordeaux blanc de qualité.

Filets de sole à la normande

Huîtres, moules et queues de crevettes, voire écrevisses, viennent renforcer la saveur de la sole, qui en perd presque la vedette (mais la recette comporte bien des variantes). Le vin doit chanter assez fort pour se faire entendre, sans pour cela se quereller avec le fumet de cuisson. Belle occasion pour le cépage sauvignon de se manifester.

■ Blanc

Sancerre • Quincy • Pouilly-fumé • Meursault • Chablis assez ferme.

Saint-pierre (diverses préparations)

Poisson très présent en restauration depuis les années 1970 (ce fut l'une des vedettes de la nouvelle cuisine), dont la belle chair blanche et ferme se laisse facilement lever en filets. Pas d'arêtes, une grande délicatesse. Mêmes prescriptions que pour le turbot, la barbue et le carrelet.

■ Blanc

**Voir Turbot, Barbue, Carrelet, p. 32-33.
Si une tonalité crémée s'impose, avec une sauce onctueuse, penser à un gewurztraminer sec et rigoureux, à un pessac-léognan ample, peut-être à un loupiac, à un pacherenc-du-vic-bilh sec ou tout juste moelleux. Si le plat est relevé d'accents citron-citronnelle, plutôt des vins peu acides, style côtes-de-provence.**

Bar ou loup (diverses préparations)

De chair maigre, serrée et finement savoureuse, l'un des poissons les plus délicats, souvent massacré naguère par les flambages au fenouil et les abominations au pastis, maintenant passés de mode.

Le bar, souvent appelé loup dans le Midi, est devenu assez rare, donc coûteux. Il se révèle au mieux simplement grillé, à peine parfumé par le fenouil.

Ses filets peuvent aussi être rapidement et simplement cuits au beurre. L'huile d'olive et le basilic se font fréquemment sentir : on incline traditionnellement vers divers vins du Sud quand l'accent du Midi devient agréablement impératif.

■ Blanc

La plupart des vins s'entendant avec le turbot, le carrelet et le saint-pierre. Crozes-hermitage • Hermitage • Coteaux-d'aix • Les baux-de-provence • Palette • Côtes-de-provence • Cassis • Bellet • Patrimonio. Avec un loup grillé au naturel ou rôti au four sans apports condimentaires, plutôt un meursault ou un beau bourgogne blanc • Si l'on ne craint pas le côté un peu envahissant du sauvignon : sancerre, pouilly-fumé.

Rôti de lotte, brochettes de lotte, fricassée de lotte au naturel, poêlée de joues de lotte

Poisson rond parfois surnommé baudroie sur le littoral méditerranéen, la lotte est toujours commercialisée étêtée, souvent sous le nom de « queue de lotte ». Sa belle chair nacrée, dépourvue d'arêtes, s'avère fine, maigre, agréablement ferme quand le poisson est parfaitement frais. Les blancs classiques conviennent.

■ Blanc

Meursault • Puligny-montrachet • Mâcon-villages • Pouilly-fuissé • Pouilly-loché • Pouilly-vinzelles • Alsace pinot blanc • Riesling • Alsace pinot gris • Graves et pessac-léognan fins, discrètement marqués par le boisé.

Lotte à l'américaine

La préparation bien assaisonnée et parfumant le rituel accompagnement de riz basmati fait pencher vers les chenins du Val de Loire, le gewurztraminer, le pinot gris. Les bourgognes d'une certaine opulence font aussi l'affaire.

■ Blanc

Anjou sec • Savennières • Saumur-champigny • Vouvray et montlouis secs • Alsace pinot gris • Riesling vieilli • Meursault.

Lotte au vin rouge

La lotte fait partie des poissons parfois cuisinés avec bonheur au vin rouge. Si c'est le cas, aller pour la table vers des rouges peu tanniques.

Rouge

Beaune • Savigny-lès-beaune • Santenay • Volnay • Sancerre • Reuilly • Alsace pinot noir.

Colin, merlu (diverses préparations)

Le colin, dont le nom désigne parfois d'autres poissons marins ronds à chair blanche, n'est, en principe, autre que le merlu. Cousinant avec le cabillaud, à l'instar du lieu noir ou jaune et de l'églefin, il a une chair assez fine, mais qui ne tient pas très bien à la cuisson et manque un peu de goût. Quand il n'est pas proposé « froid mayonnaise », plus ou moins en plat unique, il se voit appliquer des recettes classiques (à la sauce tomate et au vin blanc, à la provençale, en gratin) et est souvent préparé meunière, roulé dans la farine. Dans ce cas, un bon blanc assez simple, bien net, pas trop acide.

Blanc

Petit-chablis • Bourgogne • Mâcon • Saint-véran • Alsace pinot blanc • Côtes-de-provence • Touraine.

Daurade royale au four

La daurade royale, la « vraie daurade », gustativement supérieure à la dorade « avec un o », se pêche dans le golfe de Gascogne et la Méditerranée, mais peut aussi provenir d'un élevage. L'un des poissons maigres les plus nobles, elle se différencie de la dorade grise ou rose et du pageot par la délicatesse et le parfum de sa chair (le poisson sauvage étant plus goûteux que le produit d'aquaculture). Simplement cuite au four, elle est heureuse de rencontrer d'assez grands bourgognes et s'entend avec plusieurs vins de la vallée du Rhône, de Provence.

Blanc

Meursault • Puligny-montrachet • Mâcon villages • Coteaux-d'aix • Palette • Côtes-de-provence • Patrimonio.

Une belle bouteille

Bourgogne aligoté : Domaine Aubert et Pamela de Villaine • Bourgogne : L'Or d'Azenay du Domaine d'Azenay-Georges Blanc • Meursaults : Château de Meursault, Domaine Jacques Prieur, Olivier Leflaive • Mâcon-vergisson et pouilly-fuissé : Domaine Daniel et Martine Barraud • Saint-véran : Domaine des Deux Roches • Palette blanc : Château Simone • Côtes-de-provence : Clarendon du Domaine Gavoty, Château Sainte-Roseline, Château de Selle des Domaines Ott.

Dorade ou pageot à la provençale, pageot rôti à l'ail, dorade farcie au fenouil

Tous les vins précédemment cités, en favorisant ceux de la vallée du Rhône, les vins de Provence et de Corse. Plusieurs cépages méridionaux, d'expressions différentes, sont heureux de répondre avec un accent chantant ou avec légèreté.

Blanc

Voir Daurade royale au four • Condrieu • Châteauneuf-du-pape • Palette • Cassis • Bandol • Patrimonio • Ajaccio • Vin de Corse.

Rougets grillés

Les très petits rougets, obligatoirement de première fraîcheur, sont colorés, fermes, de saveur puissante. Ils se font griller, sort partagé par les rougets de taille moyenne quand ceux-ci ne sont pas cuits en papillote. Le trait d'huile d'olive parfois ajouté fait pencher vers un blanc aimable et peu acide – un bon côtes-de-provence, par exemple. On peut tenter un rouge, apporté et gardé frais : le léger choc que provoque la rencontre avec un palette ou un bellet enchante la plupart des amateurs de « goût de la mer ». Se méfier des rouges trop puissants, trop corsés ou trop fruités, écarter les blancs câlins ou moelleux. Les rosés du Midi passent bien.

Blanc

Mâcon villages • Côtes-de-provence • Palette • Cassis • Bandol • Patrimonio • Vin de Corse • Graves • Riesling pas trop éloquent • Sancerre, quincy et pouilly-fumé discrets.

Rosé

Tavel • Les baux-de-provence • Coteaux-d'aix • Côtes-de-provence • Bandol.

Rouge

Obligatoirement servi frais • Côtes-du-luberon • Palette • Coteaux-d'aix • Cassis • Bandol jeune • Bellet • Ajaccio.

Rougets poêlés au fenouil

Le choix du vin dépend de la qualité du rouget et de l'accent plus ou moins marqué de la préparation. S'en tenir aux appellations préconisées précédemment, en cherchant une douce subtilité ne posant pas de problèmes plus qu'une typicité marquée. Parmi les vins peu acides évocateurs des senteurs et saveurs méridionales, penser à un hermitage blanc jeune, aux côtes-du-rhône septentrionaux apparentés par l'encépagement.

Blanc

Voir Rougets grillés • Hermitage • Crozes-hermitage • Saint-joseph.

■ **Rosé**
Voir Rougets grillés.

■ **Rouge**
Peu indiqué, mais envisageable, si léger • Voir Rougets grillés.

Rougets au four

Les gros rougets, beaucoup moins fins, sont cuits au four, sur un lit d'aromates ou en papillote. Ce compagnon fidèle qu'est le fenouil est souvent appelé à la rescousse. Un vin blanc relativement passe-partout (la chair des rougets de grande taille affirme modérément son identité) ou un rosé.

■ **Blanc**
Petit chablis • Mâcon • Alsace pinot blanc • Côtes-de-provence.

■ **Rosé**
Tavel • Lirac • Corbières.

■ **Rouge**
Peu indiqué, mais envisageable, si léger • Voir Rougets grillés.

Raie au beurre noisette

Ce grand ou très grand poisson plat et cartilagineux a une chair blanc-rose maigre et fine. La saveur dépend de l'espèce, de la provenance, de la saison. Et d'un volontaire manque de première fraîcheur : le poisson est trop coriace quand il vient d'être pêché. Tronçonnée, la raie est souvent préparée au beurre noisette (« au beurre noir », dit-on encore familièrement et servie accompagnée de câpres. Le vinaigre et le citron ne se laissent pas ignorer. Le vin, obligatoirement blanc, risque d'être éclipsé, voire malmené : inutile de songer aux grands crus et aux années d'exception ! Rencontres intéressantes, quoiqu'un peu heurtées, avec le cépage sauvignon.

■ **Blanc**
Sancerre • Menetou-salon • Pouilly-fumé • Quincy • Reuilly • Alsace pinot blanc • Muscadet choisi séveux, d'assez forte expression • Entre-deux-mers (frais et simple, passe agréablement en arrière-plan).

Raie en vinaigrette aux herbes

Agréable plat d'été ne demandant pas de grands vins.

■ **Blanc**
Voir Raie au beurre noisette.

Maquereau grillé à la moutarde

Souvent servi en vinaigrette, le maquereau (de préférence pas gros) fait un bon plat, mais il lui faut un condiment complice, la moutarde forte, par exemple. S'en tenir à des blancs simples, bien faits, mais n'ayant pas trop à perdre : la partie est trop rude pour qu'on les déguste vraiment.

■ Blanc

Sancerre • Muscadet • Mâcon • Petit riesling • Bourgogne • Bordeaux.

Harengs grillés à la moutarde

Plus ou moins gras, selon la période, plus savoureux quand il est plein (d'octobre à janvier), le hareng à la chair très parfumée n'est pas complaisant avec le vin. Grimace assurée quand celui-ci affirme une puissante personnalité ou se révèle marqué par le sucre. Choisir un vin de soif assez costaud pour donner un instant l'impression d'exister, sans demander robustesse ni longueur en bouche. Et éviter de boire avant d'avoir avalé !

■ Blanc

Sancerre • Vouvray et montlouis secs • Muscadet d'assez forte expression • Entre-deux-mers (frais et simple, pour passer agréablement en arrière-plan).

Sardines grillées et apprêts au four

La fraîcheur, avant tout. Grasse, savoureuse, forte en goût, la sardine ne dialogue guère avec le vin. Là aussi, un blanc sans histoire, qui ne bénéficie ni du contact avec le poisson ni de l'habitude qu'ont beaucoup de convives de presser les quartiers de citron jusqu'à la dernière goutte. Un rouge léger, sans arrogance tannique ? cela relève du « Pourquoi pas ? »

■ Blanc

Muscadet • Bourgogne aligoté • Sancerre • Pouilly-fumé • Touraine sauvignon • Vouvray et montlouis très secs • Entre-deux-mers.

■ Rosé

Ne s'impose pas. Coteaux-d'aix • Côtes-de-provence.

■ Pourquoi pas ?

Un jurançon très sec.

Cabillaud (diverses préparations)

Le grand poisson que les restaurateurs présentent souvent comme « morue fraîche » (appellation valorisante un peu abusive, mais pas fausse) est maigre et se prête à des multiples apprêts. Délicate, sa chair n'a pas un goût marqué et s'effeuille facilement, ce qui interdit le gril. En tranches, en darnes ou en filets, le cabillaud se prépare rôti, cuit au court-bouillon, braisé au vin blanc. Bien que le choix du vin soit influencé par la préparation, on reste dans les appellations les plus fréquemment citées avec les poissons.

■ Blanc

Petit-chablis • Chablis • Bourgogne aligoté • Mâcon • Pouilly-fuissé • Sancerre • Coteaux-d'aix • Côtes-de-provence.
Plus particulièrement avec une sauce hollandaise : **Sancerre • Reuilly • Quincy • Menetou-salon • Pouilly-fumé • Touraine sauvignon • Vouvray et montlouis secs • Saumur-champigny.**

Filets de cabillaud panés

Omniprésents, notamment dans les grandes surfaces. Un blanc très simple.

■ Blanc

Alsace pinot blanc • Bourgogne • Bourgogne aligoté • Bordeaux • Touraine sauvignon.

Morue (préparations diverses)

Le cabillaud salé venu des mers froides fait partie, depuis longtemps, des aliments de base de la France et du bassin méditerranéen. Toujours vendue « en queue », surtout présentée en filets préemballés, la morue doit être attentivement dessalée. Plus savoureuse qu'on ne l'imagine généralement, assez délicate, elle est souvent pochée pour être servie froide ou chaude, accompagnée de diverses sauces, mais peut être sautée directement.

■ Blanc

Petit-chablis • Bourgogne aligoté • Bourgogne • Mâcon • Bordeaux • Graves.
Plus particulièrement avec de la crème : **Sancerre • Reuilly • Quincy • Menetou-salon • Pouilly-fumé • Touraine sauvignon • Vouvray et montlouis secs • Saumur-champigny.**
Plus particulièrement avec les préparations provençales (oignons, tomate, ail, olives noires, etc.) : **Coteaux-d'aix • Côtes-de-provence • Cassis.**

Filets de morue maître d'hôtel

Les filets panés sont cuits au beurre et servis avec un beurre maître d'hôtel. Mi-fondu, celui-ci se mélange onctueusement dans les pommes de terre à l'anglaise servies en accompagnement – que l'on ne manque pas d'écraser à la fourchette... Un blanc sans acidité agressive, et même d'une certaine rondeur.

■ **Blanc**

Savennières • Alsace pinot gris • Mâcon villages • Côtes-de-provence.

Croquettes de morue à la sauce tomate

La morue finement effeuillée, plus ou moins mélangée à une béchamel très réduite et à la pomme de terre, est roulée dans la farine, panée, frite à l'huile. Un petit blanc rafraîchissant, soit un peu vert, soit frais et rond.

■ **Blanc**

Sylvaner • Alsace pinot blanc • Mâcon • Saint-véran • Gros-plant • Muscadet • Coteaux-d'aix • Côtes-de-provence • Bordeaux.

Brandade de morue

Un grand plat peu coûteux, de saveur nîmoise (sans ail) ou, plus souvent, provençale (l'ail se fait parfois fortement sentir), dont l'onctuosité varie selon la recette, avec l'addition de plus ou moins de lait, ou l'ajout d'une pomme de terre farineuse écrasée. L'huile d'olive et, généralement, l'ail mènent la danse.

■ **Blanc**

Hermitage • Crozes-hermitage • Saint-joseph • Châteauneuf-du-pape • Coteaux-d'aix • Côtes-de-provence • Palette • Cassis • Bandol • Patrimonio • Vin de corse • Rully • Givry • Mâcon • Saint-véran • Beaujolais • Graves.

Aïoli

Voir Saveurs d'ici, saveurs d'ailleurs, p. 150.

Haddock poché au lait

Légèrement saumuré, fumé, l'églefin des mers du nord devient haddock. Texture moelleuse, saveur emplissant la bouche, évocatrice de la fumaison autant et plus que du poisson... Poché dans le lait à peine frémissant, ce qui lui fait perdre son âcreté si besoin est, le haddock généralement servi avec un simple beurre fondu et des pommes de terre appelle un vin rond, souple, se fondant onctueusement en bouche avec lui.

■ **Blanc**

Savennières • Anjou • Saumur-champigny • Sancerre • Pouilly-fumé • Menetou-salon • Reuilly • Quincy • Graves.

Thon basquaise, à la provençale, à la sicilienne

C'est généralement le thon rouge qui se cuisine, le thon blanc étant plutôt destiné à la conserve (il se révèle parfois délicieux en boîte). La chair grasse, serrée, ferme, a un goût puissant, la fraîcheur est primordiale. Coupé en tranches, braisé ou cuit en daube, le thon fait l'objet d'apprêts souvent inspirés des traditions basques, provençales ou siciliennes. L'huile d'olive, la tomate, l'ail et les piments d'Espelette sont fidèles au rendez-vous... Les blancs secs ne posent pas de problèmes, beaucoup de rosés passent bien. Les rouges peu tanniques sont, parfois, tout à fait à leur place.

■ Blanc

Mâcon • Pouilly-fuissé • Saint-véran • Beaujolais • Hermitage • Crozes-hermitage • Coteaux-d'aix • Côtes-de-provence • Bandol • Bellet • Coteaux-du-languedoc • Minervois • Irouléguy • Béarn • Pacherenc-du-vic-bilh • Gaillac • Bergerac sec • Graves • Premières-côtes-de-blaye.

■ Rosé

Tavel • Lirac • Coteaux-d'aix • Côtes-de-provence • Corbières • Collioure • Irouléguy • Fronton • Bordeaux clairet.

■ Rouge

Servi frais. Alsace pinot noir • Bourgogne léger • Rully • Fleurie • Collioure • Côtes-de-provence • Béarn.

Darne de saumon pochée ou poêlée, (diverses préparations)

Le grand migrateur né en eau douce passe une partie de sa vie en mer, mais remonte les fleuves et les rivières pour frayer. dans la mesure du possible : malgré les efforts pour lui faciliter un interminable voyage contrarié par la pollution et les barrages, le saumon est maintenant rare dans la Loire, dans ses affluents et dans l'Adour, où il abondait jadis. Souvent d'élevage – les produits d'aquaculture peuvent être excellents –, le saumon se prépare à l'occasion entier, mais sa belle taille le voue généralement à être détaillé en tronçons, en darnes. Il se cuit au court-bouillon, est très souvent grillé, parfois sauté. Darnes pochées ou escalopes grillées, rituellement accompagnées de pommes de terre à l'anglaise, sont fréquemment assorties d'une sauce hollandaise ou béarnaise, ce qui fait penser à des vins assez ronds, jamais acerbes. Le beurre blanc, quand il entre dans le jeu de toute sa douce vivacité, pousse vers des vins secs tendres. De la célèbre escalope de saumon à l'oseille des Troisgros aux préparations nordiques parfumées à l'aneth, les préparations s'avèrent, de toute façon, nombreuses, trop pour être évoquées systématiquement ici. Elles orientent aussi bien vers le sauvignon que vers le chardonnay ou le chenin. Le choix des appellations est vaste, on peut viser haut.

Blanc

Chablis • Meursault • Puligny-montrachet • Mâcon-villages • Graves.
Avec un beurre blanc : Anjou • Savennières • Vouvray et montlouis secs ou demi-secs • Alsace pinot gris • Sancerre • Pouilly-fumé • Menetou-salon.

Rosé

Peu à propos. À la rigueur un sancerre ou un pinot noir vinifié clair.

Une belle bouteille

Sancerres : Vincent Pinard, Lucien Crochet, Alphonse Mellot • Chablis : René et Vincent Dauvissat, Domaine Jean Durup, Domaine Laroche • Meursaults (et divers bourgognes) : Château de Meursault, Olivier Leflaive, Domaine Jacques Prieur • Chassagne-montrachet et saint-aubin : Domaine Marc Colin et fils • Bordeaux : Château L'Hoste-Blanc • Graves : Château Respide Médeville, Clos Floridène, Château de Chantegrive • Premières-côtes-de-blaye : Château Bertinerie • Alsaces pinot gris : Cave de Pfaffenheim, Léon Beyer • Savennières : Domaine de Baumard, Domaine du Closel, Château d'Épiré.

Saumon grillé à l'unilatéral

Lancée il y a un quart de siècle, et connue des Parisiens grâce aux deux restaurants de la Maison du Danemark, cette cuisson maintenant répandue laisse au saumon tout son goût et est particulièrement appréciée des puristes. Plutôt l'univers du sauvignon, mais ce cépage n'a pas l'exclusivité.

Blanc

Chablis, sancerre, et savennières de qualité (aller vers les meilleurs crus et les meilleurs propriétaires quand on est certain de la qualité du saumon).

Saumon froid mayonnaise

Souvent plat unique d'un mini-repas vite expédié et éternelle composante des buffets froids. La mayonnaise se révélant encombrante, et les convives s'en resservant, mieux vaut un blanc simple, assez aromatique pour ne pas être totalement éclipsé par l'accompagnement.

Blanc

Touraine sauvignon • Sancerre • Riesling pas trop typé.

Saumon fumé

Voir p. 23.

Saumon mariné

Voir Poisson cru mariné, p. 24.

Poissons d'eau douce

Sandre au beurre blanc

Cousin de la perche, mais pesant parfois 10 kilos, et même plus, le sandre est maintenant familier des rivières et des lacs de France. D'abord hôte du Doubs, de la Saône et du Rhin, il est devenu populaire presque partout et accepte d'être élevé en étang. Figurant sur les cartes de bons et de grands restaurants, de prix assez raisonnable, ce poisson sans trop d'arêtes à la chair ferme, fine, délicatement savoureuse, n'a pas un goût très marqué... et plaît à tous. Le beurre blanc convient à merveille au sandre, qui a aussi une affinité pour la crème... Cela dirige vers plusieurs vins secs mais ronds, d'une tendre souplesse, mais aussi vers un très bon muscadet sur lie. Préparé autrement (toutes les variations de la matelote, notamment), le sandre s'entend avec la plupart des blancs équilibrés. Un apprêt au vin rouge dirige parfois vers un rouge peu astringent, à servir frais.

Blanc

Alsace pinot blanc • Alsace pinot gris • Riesling • Savennières • Coteaux-de-l'aubance • Coteaux-du-layon • Vouvray et montlouis secs ou demi-secs • Cheverny blanc • Jasnières adouci par l'âge • Valençay • Sancerre • Pouilly-fumé • Menetou-salon • Graves • Mâcon • Arbois • Divers vins de Savoie, notamment crépy • Côtes-du-rhône blanc • Saumur • Jurançon sec • Côtes de saint-mont • Tursan de qualité.

Une belle bouteille

Riesling : Trimbach, Zind-Humbrecht, Hugel, Léon Beyer, Marc Kreydenweiss • Savennières : Clos Saint-Yves-Domaine des Baumard, Château d'Épiré • Saumur : Château de Villeneuve • Touraine : « M de Marionnet » • Sancerre : Vincent Pinard, Lucien Crochet, Alphonse Mellot, Maison Guy Saget • Vin de Savoie : Chignin André et Michel Quénard • Vins de Savoie apremont, roussette, abymes : Château de la Violette.

Pourquoi pas ?

Spécialiste des vins de réputation mondiale, Hugh Johnson préconise simplement... « n'importe quel vin fin », pour le sandre et la perche. Et ne craint pas de suggérer un grand bâtard-montrachet.

Perche

La plupart des préparations du sandre conviennent aux perches de bonne dimension (comme au brochet, d'ailleurs). Les filets à la sauge, préparation naguère habituelle, ne réclament pas de blancs particuliers.

Blanc

Voir Sandre, ci-contre.

Brochet au beurre blanc

Le grand carnassier aux redoutables mâchoires, meilleur quand il vient d'une rivière, plus banal sorti d'un étang, a une chair constellée d'arêtes relativement dense pour un poisson d'eau douce. Fine, discrètement savoureuse, elle se marie bien avec le beurre blanc. Soit un vin rond issu du chardonnay, soit un enfant du chenin, mais d'autres cépages s'invitent...

Blanc

Chablis • Meursault • Givry • Pouilly-fuissé (et autres pouillys) • Mâcon villages • Saint-véran • Beaujolais • Savennières • Saumur-champigny • Vouvray et montlouis secs ou demi-secs • Jasnières • Sancerre • Pouilly-fumé • Saint-joseph • Crozes-hermitage • Hermitage • Graves.
(Il arrive que le brochet soit préparé au vin rouge. On ira plutôt vers les chinon, bourgueil et saint-nicolas-de-bourgueil.)

Quenelles de brochet

Façon comme une autre d'éviter le problème des arêtes... Les quenelles souvent dites « à la lyonnaise » (elles sont traditionnelles sous Fourvière) mêlent la chair finement hachée du poisson dans laquelle œufs et beurre sont généreusement intégrés. Elles peuvent être gratinées ou accompagnées d'une sauce.

Blanc

Voir notice précédente. Bourgogne • Mâcon • Beaujolais blanc • Graves • Entre-deux-mers.

Pourquoi pas ?

Il arrive qu'un rouge fruité et souple soit suggéré : un beaujolais villages, par exemple, dans la région lyonnaise. Philippe Bourguignon (grand sommelier auteur de *L'Accord parfait*) estime le gewurztraminer « fin complice » des quenelles de brochet accompagnées d'une sauce homardine.

Truite (diverses préparations)

Le célèbre poisson des torrents, des rivières vives et des lacs clairs est devenu produit d'élevage : la trutticulture – des centaines d'exploitations ! – livre sur le marché des tonnes de truites arc-en-ciel de lointaine origine californienne (les alevins de truite fario, la « truite sauvage », servent pour le repeuplement du milieu naturel). Les « truites-portion » se vendent toute l'année. Livrées en fonction de la demande, donc fraîches, elles ne sont pas forcément très savoureuses et se révèlent parfois cartonneuses... Classiquement préparées meunière ou frites, parfois poêlées aux amandes, elles sont aussi pochées au court-bouillon. La sauce hollandaise devient un poncif... Sauf assez rare préparation au vin rouge et éventualité d'un rosé, le blanc s'impose. À choisir selon la qualité de la truite, qui ne mérite pas forcément un grand vin.

Blanc

Chablis • Meursault • Mâcon villages • Côtes-du-jura • Vins de savoie • Alsace pinot blanc • Alsace pinot gris • Riesling • Sancerre • Pouilly-fumé • Menetou-salon • Reuilly • Vouvray et montlouis secs • Saumur-champigny • Savennières • Jasnières • Graves.

Rosé

Saint-pourçain • Alsace pinot noir • Marsannay.

Une belle bouteille

Voir notamment Sandre. Pinots blancs, rieslings : Léon Beyer, Paul Blanck • Côtes-du-jura : Jean Maclé • Vins de Savoie chignin, chignin-bergeron : Raymond Quénard • Vins de Savoie : abymes, apremont, roussette : Château de la Violette.

Truite fumée

Voir Saumon fumé, p. 23.

Omble-chevalier meunière

Rare, et d'une rare délicatesse, un superbe poisson des lacs froids. De chair très fine, ce prince des eaux douces n'apparaît guère que sur la carte des grands restaurants. Il s'entend bien avec la crème et mérite la rencontre avec un grand vin.

Blanc

Riesling • Condrieu • Vin de Savoie chignin-bergeron.

Lamproie à la bordelaise

Ce poisson de mer et de rivière très long, étiré comme un serpent, se pêche dans le cours inférieur des fleuves. D'un goût marqué mais fin, il se cuisine comme l'anguille. La préparation la plus connue, dite à la bordelaise, se fait au vin rouge (corsé), après marinade. Sur table, un rouge assez puissant, mais rond. À défaut, un rosé bien structuré, pas acide.

Rouge

Pomerol • Lalande-de-pomerol • Fronsac • Saint-émilion • Médoc • Haut-médoc • Graves • Bergerac.

Rosé

Bordeaux clairet • Bordeaux • Fronton • Irouléguy • Corbières.

Alose grillée

Autre poisson migrateur inscrit au répertoire bordelais, l'alose est généralement grillée. On la sert assez souvent avec une garniture d'oseille braisée, qui ne facilite pas la dégustation du vin. Un blanc de bonne ampleur ou un rouge aux tanins discrets (attention : les graves, souvent conseillés, peuvent faire grimacer quand ils sont concentrés et corsés).

■ Blanc

Graves • Meursault • Mâcon villages souple.

■ Rouge

Graves • Pessac-léognan • Pomerol.

Anguille en matelote

Meilleure d'eau vive (elle prend facilement un goût de vase dans les étangs), l'anguille à la saveur forte doit être préparée très fraîche. Les traditionnelles matelotes se font aussi bien au vin rouge qu'au blanc. Le vin utilisé indique la couleur de celui qui sera sur table : blanc assez vif ou sec tendres, selon ce que l'on souhaite (léger contraste ou accompagnement en douceur ?) ; rouge aux tanins peu contrariants, choisi plutôt jeune et servi frais.

■ Blanc

Chablis • Mâcon villages • Pouilly-fuissé • Muscadet pas trop nerveux.

■ Rouge

Chinon • Bourgueil • Saint-nicolas-de-bourgueil • Saumur-champigny.

Anguille au vert

Cette recette flamande réputée fait intervenir beaucoup d'herbes, certaines d'un goût assez vif. Cela ajouté à la saveur forte de l'anguille... Mieux vaut un vin qui enrobe un peu, pas querelleur.

■ Blanc

Savennières • Anjou • Vouvray et montlouis secs • Sancerre • Pouilly-fumé.

FRUITS DE MER

À la suite de ce chapitre consacré aux poissons, nous entrons dans un univers voué au bleu, celui de la mer, et au blanc, couleur presque toujours impérative du vin. Les fruits vivants de la mer sont bien différents et inégalement « iodés », mais un certain nombre d'appellations s'imposent, toutes productrices de secs, à la rigueur de secs légèrement tendres (se méfier du sucre comme de l'excès d'alcool).
Ce chapitre, très éclectique, associe les coquillages et les mollusques, le cru et le cuit, le produit presque brut et la préparation sophistiquée. Les crustacés font bande à part, prestige du homard et de la langouste oblige, mais certains, notamment le tourteau (et les inévitables crevettes !) sont souvent associés sur un lit de varech aux huîtres, bulots et autres fruits de mer.

HUÎTRES PLATES ET CREUSES

Les huîtres : un univers, avec ses terroirs, ses méthodes d'élevage, ses migrations (ces mollusques grandissent parfois loin de leur lieu de naissance). Creuses ou plates, belons, bouzigues ou gravettes, fines de claire ou spéciales, les huîtres ouvertes au dernier moment sont généralement consommées crues, souvent avec une tombée de citron, parfois avec du vinaigre d'échalote (cet ajout, que les puristes estiment criminel, n'aide pas à la dégustation du vin). Iodées, salées, puissantes, fines, très délicates ou marquées d'algues, parfois de saveur « noisette », les huîtres aux saveurs plus diverses que l'imagine le commun des mortels sont trop souvent vouées à un blanc choisi au hasard.

Par ailleurs, il faut l'admettre, elles n'aident pas le vin et ne sont que rarement très bonnes compagnes de dégustation.

Restant sur son quant à soi, un peu en retrait, jamais bu quand la bouche est pleine, sauf geste machinal, le vin apporte un agrément réel, mais annexe, que ce soit dans la vivacité ou dans un courtois arrondi : il n'est, quoi qu'il en soit, guère valorisé. Les blancs nets, secs, d'une aimable acidité, toute exubérance réfrénée (méfiance avec les sancerres au caractère accentué et les enfants trop typés du sauvignon), occupent massivement la scène. Ils ne doivent pas être fortement fruités, encore moins empâtés par le sucre résiduel. On ne leur demande pas d'affirmer fortement leur identité : le célèbre riesling Cuvée des Écaillers de Léon Beyer, d'ailleurs davantage destiné aux poissons nobles, demeure l'exception confirmant la règle. Le rouge abandonné aux Bordelais, qui s'amusent de boire un petit graves frais... avec les gravettes (celles-ci peu salées, il est vrai), les grands bourgognes blancs laissés hors compétition, l'embarras du choix demeure. Le chardonnay n'est pas le cépage idéal, mais un mâcon haut de gamme ou un petit-chablis apportent leur fraîcheur sans histoire (les chablis 1er cru étant réservés aux huîtres dodues subtilement iodées). Comme beaucoup de sommeliers, nous apprécions prioritairement le muscadet, qui apporte assez d'acidité pour épargner le recours au citron – il révèle une rondeur fine après une attaque vive – et applaudissons le gros-plant en maintes circonstances.

Le sylvaner délicat, produit rare maintenant, le sancerre, le pouilly-fumé et le quincy, quand le sauvignon n'exulte pas exagérément, figurent parmi les très bons choix. Graves blanc bien sec et entre-deux-mer (cette AOC a fait de grands progrès) participent allègrement à la fête ; un picpoul-de-pinet, s'impose pour les huîtres de Bouzigues, régionalisme oblige !

■ Blanc

Servi à 8 ou 9 °C, jamais glacé. Muscadet • Gros plant du pays nantais (pas trop vert, avec des creuses ordinaires) • Chablis nerveux, simple • Meursault, seulement avec de belles huîtres au goût délicat, pas trop iodées • Certain vins de Savoie • Pouilly-fuissé • Sancerre, pouilly-fumé et quincy restant sur leur réserve (préférer la finesse à la puissance et à la typicité extrême... sauf exception : un cuisinier tel que Michel Rostang peut conseiller un pouilly-fumé admirablement exalté) • Entre-deux-mers • Alsace pinot blanc • Sylvaner • Riesling sans minéralité ni excès de goût • Côteaux-du-languedoc • Picpoul-de-pinet • Corbières blanc.

Une belle bouteille

Muscadets : Château de la Galissonnière, Domaine de la Grange, Château de la Preuille, Château du Coing de Saint-Fiacre, Domaine de Beauregard • Gros-plant et muscadet : Domaine de l'Écu • Chablis : René et Vincent Dauvissat, chablis Saint-Martin du Domaine Laroche • Petit-chablis : Domaine Jean Durup • Pouilly-fumé : Les Logères de Guy Saget • Sylvaner : Paul Blanck, Jean-Pierre Dirler • Coteaux-du-languedoc : La Clape Château L'Hospitalet • Graves : Château Floridène.

Rouge

Gare à la rencontre ! Un petit graves servi à basse température est supposé s'entendre avec les gravettes d'Arcachon accompagnées, selon l'usage, de chipolatas grillées (ces dernières font passer le vin !)

Plateau de fruits de mer

Les huîtres sont souvent reines, mais l'abondance mise en scène sur lit de varech par l'écailler masque trop fréquemment l'absence des coûteuses belons, des plus belles spéciales de claire et des crustacés haut de gamme (crevettes roses, bigorneaux, tourteau à la chair parfois bien banale et langoustines fréquemment cotonneuses font souvent de la figuration, sans apporter beaucoup quant aux saveurs). Tout dépend donc du choix, de l'écailler, du prix qu'on y met... Si le plateau n'est qu'ordinaire, n'importe quel petit blanc d'honnête rapport qualité/prix suffit !

Des oursins, une fine araignée de mer, d'excellentes huîtres de bon format, de beaux bulots, des langoustines très fraîches ? Voilà qui mérite un beau blanc, plutôt jeune et nerveux, mais d'une certaine plénitude (éviter les bourgognes puissants et les côtes-du-rhône robustes... qui ont suffisamment d'emplois plus justifiés : ils ne gâcheraient pas le plaisir, mais ne gagneraient pas davantage à la confrontation que les produits de la mer.)

Blanc

Les mêmes que pour les huîtres. On peut viser un peu plus haut, prendre le risque agréable d'un riesling d'assez forte constitution, d'un pessac-léognan.

Huîtres chaudes

La mode des élaborations chaudes ne date pas d'hier, puisqu'elle était attestée bien avant la Révolution, mais elle avait été fortement relancée au cours des années 1970 par les pionniers... de la Nouvelle Cuisine. Au point que les huîtres chaudes firent partie des poncifs. Pochées et servies avec diverses sauces ou gratinées dans leur coquille, elle font incliner vers les mêmes vins que lorsqu'elles sont crues. Ou à peu près : en hommage au talent du chef, on débouchera sans doute de plus belles bouteilles, de meilleur millésime, mais sans changer d'appellations. Une certaine préférence étant donnée aux graves et pessac-léognan si la préparation est raffinée. Avec les huîtres au champagne, mets se voulant distingué (mais qu'apportent les bulles ?), on se contentera d'un coteaux champenois, vin d'ailleurs bien coûteux pour ce qu'il est... si l'on ne s'amuse pas davantage d'un gentil vin de Savoie.

■ Blanc

Voir notices précédentes.

Moules marinière, à la poulette (et autres apprêts)

Coquillages bleus venus des côtes de l'Atlantique, de la Manche, de la mer du Nord ou de l'étang de Thau – les « bouzigues » –, les moules s'apprêtent de différentes façons, mais l'accommodement ne joue pas de façon vraiment décisive sur le choix du vin, sauf quand on force sur l'ail ou les épices. « Marinière » (simplement cuites dans une sauteuse avec vin blanc, échalotes, laurier et queues de persil), ou « à la poulette » (avec une sauce blanche relevée de fumet de poisson et d'une tombée de citron), en brochette, voire crues, les moules réclament sans cinéma un petit vin sec au fruité modéré. Une acidité un rien pointue, pas agressive, convient particulièrement aux moules marinières. La mouclade charentaise et l'éclade autorisent à rester dans le même registre.

Les moules au pistou, les moules farcies souvent submergées par le beurre, l'ail, les échalotes et le persil, les moules poêlées au curry et la soupe de moules safranée acceptent les mêmes bouteilles, mais suggèrent des vins plus expressifs, tel un jeune condrieu, ou légèrement plus chargés en sucre résiduel (dans ce cas issus du chenin ou du Alsace pinot gris). Les rouges sont bannis. Quelques rosés, servis bien frais, répondent éventuellement au curry sans se heurter aux moules.

■ Blanc

Gros-plant • Muscadet • Entre-deux-mers • Graves • Coteaux-du-languedoc • Picpoul-de-pinet • Mâcon • Pouilly-fuissé • Saint-véran • Petit-chablis • Sylvaner • Alsace pinot blanc • Riesling (discret) • Savennières • Avec des préparations épicées : **vouvray et montlouis secs, Alsace pinot gris.**

■ Rosé

Quand le curry chante fort, avec les préparations fortement épicées.
Servir aussi frais qu'un blanc.
Côtes-du-rhône • Coteaux-du-tricastin • Côtes-de-provence • Bandol • Vin de corse.

Une belle bouteille

Saint-véran : Georges Dubœuf • Sylvaner : Domaine Paul Blanck, Jean-Pierre Dirler • Pinot blanc : Léon Beyer • Savennières : Domaine Pierre Soulez, Château de la Bizolière, Clos Saint-Yves-Domaine des Baumard • Graves : Château de Chantegrive.

Palourdes ou praires farcies

Ces coquillages, dénommés clovisses dans le Midi, se mangent souvent crus (voir Plateau de fruits de mer), mais sont aussi préparés farcis, comme les moules. Ce qui renvoie aux mêmes vins, généralement préférés vifs et désaltérants, mais que l'on peut choisir généreux, presque à l'image de l'hermitage blanc.

Blanc

La plupart des vins évoqués dans les rubriques précédentes. Saint-joseph • Saint-péray • Crozes-hermitage.

Coquilles Saint-Jacques à la nage ou simplement poêlées

Coquillages les plus consommés en France, après les huîtres et les moules, très inégales de saveur selon leur provenance (et médiocres quand elles sont surgelées), les Saints-Jacques font l'objet d'apprêts nombreux, certains délicieux, quelques-uns raffinés. Proposées en entrée ou « en plat », elles sont présentes dans les grandes surfaces comme dans les meilleurs restaurants. Inspirant bien des cuisiniers novateurs, elles se laissent décliner presque à l'infini.

On ne peut plus simple, la cuisson à la nage laisse à la Saint-Jacques toute sa saveur naturelle, toute de finesse (le court-bouillon coloré par de fines rondelles de carottes est légèrement parfumé par le vin blanc, les oignons, l'échalote, un rien d'ail). Le blanc s'impose, pour cette recette comme pour pratiquement toutes les autres : les AOC citées ci-après restent valables avec les accommodements les plus divers.

L'ajout éventuel d'un peu de crème fraîche dirige vers un vin sec tendre. Les rouges font plus ou moins grimacer, même quand ils sont peu tanniques et ronds. Les rosés souples peuvent passer, mais n'apportent rien.

Blanc

Savennières • Vouvray et montlouis secs • Sylvaner • Alsace pinot blanc • Alsace pinot gris • Petit-chablis • Chablis • Meursault • Puligny-montrachet • Saint-aubin • Côtes-du-jura • Côtes-de-provence • Coteaux-d'aix • Cassis • Bandol • Bellet • Vin de corse • Coteaux-du-languedoc • Graves • Sancerre blanc et pouilly-fumé, si le beurre est généreusement dispensé ou avec un beurre blanc.

Une belle bouteille

(Vins convenant à de nombreuses préparations de la saint-jacques.) Savennières : Coulée de Serrant, Domaine de Baumard, Domaine du Closel • Vouvrays secs : Domaine du Clos Naudin, Domaine Huet • Chablis (gamme étendue) : Domaine Laroche, La Chablisienne • Patrimonio : Domaine Antoine Arena • Vin de Corse Calvi : Clos Colombu • Coteaux-du-languedoc : Domaine Saint-Martin de la Garrigue.

Pourquoi pas ?

Un champagne blanc de blancs.

Les Saints-Jacques sont parfois proposées crues, en entrée, escalopées en tranches très minces. On peut choisir l'un des vins ci-dessus.

Coquilles Saint-Jacques en brochette

Une façon dangereuse d'accommoder les Saints-Jacques, qui risquent d'être desséchées : la cuisson des noix, qui alternent sur les brochettes avec du lard fumé, doit être surveillée avec une grande attention. Cette préparation, qu'une béarnaise accompagne parfois, en toute vulgarité, est l'une des rares qui autorise le recours au rosé, voire à un rouge léger et fruité.

Rosé

Marsannay • Rosé des Riceys • Tavel • Lirac • Côtes-de-provence • Les baux-de-provence • Coteaux-d'aix • Alsace pinot noir vinifié clair • Irouléguy • Bordeaux clairet.

Rouge

Alsace pinot noir (éviter le boisé) • Beaujolais-villages • Les baux-de-provence • Côtes-de-provence • Bellet • Coteaux-du-languedoc.

Blanc

Pas indispensable, mais à sa place. Voir notice précédente.

Coquilles Saint-Jacques à la provençale

En espérant les Saints-Jacques d'une parfaite fraîcheur, la cuisson à la poêle soignée et l'ail pas trop accaparant (cette préparation peut s'avérer délectable, mais c'est aussi celle des gargotes)... Même si l'on a la main légère en cuisine, un vin ami de l'ail s'impose !

Blanc

Saint-joseph • Saint-péray • Hermitage (si les coquilles le méritent et si l'ail se fait sentir assez fortement) • Cassis • Bandol • Bellet • Graves.

Rosé

Possible, pas emballant. Coteaux-d'aix • Côtes-de-provence.

Coquilles Saint-Jacques aux cèpes

Les Saints-Jacques aspirent volontiers les saveurs, pour les condenser et les magnifier (au point que l'ajout, parfois, domine trop la coquille). L'association avec les cèpes, dont la présence agréablement forte ne doit pas être accaparante, est rituelle à l'automne. Le vin, presque obligatoirement un blanc, chante facilement avec le champignon, mais le duo ne doit pas écraser la Saint-Jacques.

■ Blanc

Meursault • Puligny-montrachet • Condrieu • Saint-joseph • Saint-péray • Coteaux-du-languedoc • Côtes-du-roussillon • Chinon expressif • Riesling vieilli • Alsace pinot gris • Éventuellement un vieux champagne vineux...

■ Rosé

À la rigueur. Alsace pinot noir • Marsannay • Tavel • Lirac • Côtes-de-provence.

Coquilles Saint-Jacques aux truffes

Les truffes sont souvent associées aux coquilles quelques mois après la période des cèpes. Le compromis est compliqué par la puissance de la truffe, quand celle-ci se manifeste exagérément : la Saint-Jacques fait penser au blanc, alors que la truffe oriente de toute son éventuelle puissance vers certains rouges.

■ Blanc

Alsace pinot gris • Crozes-hermitage • Hermitage • Accord possible, plus malaisé, avec un graves ou un pessac-léognan.

■ Rouge

Accord difficile, à ne tenter que si la truffe s'impose très fortement... (Il serait, quoi qu'il en soit, dommage d'ouvrir une grande bouteille si elle n'a pas d'autre emploi au cours du repas.) Saint-julien évolué • Pomerol.

Calmars ou calamars, ou supions, ou chiprons (diverses préparations)

Peu de mollusques portent autant de noms que ce cousin de la seiche qu'est le calmar, décapode à la tête prolongée de tentacules, porteur d'une poche à encre à laquelle certaines sauces doivent leur couleur. Qu'il soit donc entendu, avec l'accent d'ici ou d'ailleurs, que les termes calmar, calamar, encornet, chipiron ou supion désignent le même animal, apte à bien des apprêts.

Le vin blanc a le beau rôle, à condition d'être sec, mais certains rosés s'entendent facilement avec les préparations hautes en saveurs du Midi. Les rouges sont proscrits, sauf préparation hispano-basquaise (voir notice suivante).

■ Blanc

Coteaux-d'aix • Côtes-de-provence • Cassis • Palette • Patrimonio • Vin de corse • Côtes-du-roussillon • Picpoul-de-pinet • Irouléguy • Jurançon sec (préparations épicées et pimentées) • Pacherenc-du-vic-bilh le plus sec possible • Graves • Menetou-salon, reuilly, sancerre : quand tomates, poivrons, piments et ail sont très présents.

■ Rosé

Davantage de risques de légers désaccords qu'avec le vin blanc. Servir très frais. Côtes-du-roussillon • Côtes-de-provence • Vin de Corse • Irouléguy • Bordeaux clairet.

Chipirons à l'encre

Les Espagnols et les Basques raffolent des chipirons (calmars) *en su tinta*, cuits dans une épaisse sauce noire. On peut également opter pour un rouge, ou chercher un rosé pas trop pâle.

■ Blanc

Voir notice précédente.

■ Rouge

Servis presque frais. Graves • Côtes-du-rhône pas trop expressif.

■ Rosé

Tavel • Lirac • Irouléguy.

CRUSTACÉS

De la modeste crevette grise à l'aristocratique langouste, voici l'araignée de mer, tous les crabes, les divers homards, les langoustines... Les crustacés, avec ou sans pinces, arrivent sur les tables et étals en personnages modestes ou en vedettes, suggérant les apprêts les plus simples et les recettes les plus sophistiquées.

Certains (bouquet, crevettes roses et grises, tourteau, violet) relèvent traditionnellement du plateau de fruits de mer, sur lequel ils voisinent avec huîtres et coquillages. D'autres paradent dans les viviers, inspirent les plus grands cuisiniers. Il y en a pour toutes les bourses (les beaux homards et les langoustes de qualité étant hors de prix), et bien des vins s'invitent à table, ou se font cérémonieusement prier... Il s'agit à 95 % de blancs, agréablement dénués de prétentions ou grandes bouteilles, selon les occasions et le compte en banque : qui peut s'offrir une superbe langouste pleine et lourde ou un beau homard breton, mets rares ou, en tout cas, coûteux, ira jusqu'au bout du régal en commandant un montrachet ou l'un des meilleurs pessac-léognan ; qui se contente de petites huîtres, parfois délicieuses, ou d'un homard du Canada, rarement génial, se satisfait en principe d'un blanc passe-partout, vif si possible, quand même pas trop vert.

CREVETTES, TOURTEAU

Voir Plateau de fruits de mer, p. 50. Les oursins, difficilement classables, renvoient aussi à cette notice.

Homard grillé (et autres préparations)

De préférence breton, du moins européen (la différence avec le cousin américain est considérable), alors un produit de luxe... Choisi assez petit, bien vivant, le homard passe au gril du four ou à la salamandre, sa cuisson très surveillée – surtout pas exagérée – le faisant virer du bleu ou du brun violacé au rouge. La texture et la finesse de la chair prime sur la sauce, généralement à base de crème, plus ou moins rehaussée de paprika ou de poivre... quand on ne se contente pas, et délicieusement, d'un beurre fondu. Cette splendeur coûteuse qu'est un beau homard justifie la recherche d'un excellent vin, même d'un grand vin, plus ou moins opulent selon la sauce, l'assaisonnement. Un blanc, obligatoirement. On restera sur les mêmes vins avec le homard à la nage, servi avec ses légumes, comme avec le homard cuit à la vapeur sur des algues ou rôti au four après avoir été légèrement poché.

■ Blanc

Savennières • Vouvray sec • Montlouis • Meursault • Saint-aubin • Mâcon villages • Pouilly-fuissé • Saint-joseph • Crozes-hermitage • Hermitage.

■ Une belle bouteille

Savennières : Domaine du Closel, Château d'Épiré • Vouvray : Clos Baudoin, Domaine Didier Champalou • Montlouis : Domaine Olivier Delétang • Saint-aubin : Domaine Marc Colin et fils • Hermitages : M. Chapoutier, Domaine Jean-Louis Grippat (dont le saint-joseph convient également) • Saint-joseph et saint-péray : Bernard Gripa.

Homard à l'américaine

« À l'armoricaine », rectifient les uns. « À l'américaine », confirment les autres, rappelant que le grand apprêt classique fut créé par un chef français ayant travaillé aux États-Unis. Les crustacés – du moins : leurs pinces, leurs pattes, l'intestin et le corail – sont à la base de la sauce, parfumée par le vin blanc, le cognac, la tomate, le poivre blanc ou de Cayenne : elle a une saveur particulière, parfois encombrante, qui reflète celle du homard avec de fortes accentuations (le flambage au cognac, souvent préconisé, se révèle redoutable.) La garniture, généralement du riz pilaf ou à la vapeur s'imprègne de sauce, sans ajouter de note particulière. Les vins recommandés avec le homard grillé conviennent pour la plupart, notamment les secs tendres de qualité issus du chenin. Un gewurztraminer, impérativement « sur sa réserve », ni caricatural ni encombré de sucre, pourrait faire merveille.

Blanc
Gewurztraminer racé, sec • Riesling vendanges tardives • Savennières • Saumur-champigny (style Château de Villeneuve) • Arbois jaune, avec risques de dissonance • Meursault • Puligny-montrachet • Crozes-hermitage • Saint-joseph • Châteauneuf-du-pape • Graves • Pessac-léognan.

Pourquoi pas ?
Un champagne, aussi bien blanc de blancs (pas exagérément sec, rond et riche) que marqué pinot noir, ou bien rosé (ce dernier tentant si la sauce est bien poivrée) • Un sauternes ou un barsac (pas trop riche) • Un tavel vieilli • Le *Guide Hachette des Vins* conseille un juliénas.

Homard thermidor

Cuit au four, le homard est découpé en cubes ou en escalopes, présentées dans les demi-carapaces. Il s'y retrouve nappé d'une sauce crémée et moutardée. Des blancs d'une certaine opulence, choisis aimables, pas trop nerveux s'ils sont jeunes (les grands bourgognes étant préférés vieux de cinq ou six ans).

Blanc
À peu près les vins de la notice précédente... mais nous ne déboucherions pas l'arbois • Mâcon villages, pouilly-fuissé assez corpulents derrière leur vivacité.

Langouste ou langoustines froide(s) à la mayonnaise

On pourrait rêver meilleur sort culinaire pour une belle langouste rouge... mais les amateurs éclairés préfèrent souvent ce crustacé au homard quand il est servi froid. Le vin blanc ne devra pas se quereller avec la mayonnaise, qui ne le laissera sans doute pas s'exprimer au mieux.

Blanc
Petit-chablis • Chablis • Mâcon • Mâcon villages • Pouilly-fuissé • Saint-véran • Muscadet (pas vert !) • Alsace pinot blanc • Chignin-bergeron.

Beignets de langoustines

Un délice quand les langoustines sont ultra-fraîches et enveloppées d'une pâte aérienne. Une catastrophe lorsque la langoustine précuite ou surgelée tient du buvard dans une pâte épaisse. L'accompagnement-assaisonnement, dont on abuse souvent pour masquer la nullité des beignets, ne devrait pas trop se faire sentir : une simple tombée de citron ? une sauce tartare ? quelque apprêt exotico-oriental ? Mieux vaut rester sur un blanc net et droit, qui peut n'être qu'un simple « vin de soif ». Un rosé souple est acceptable.

Blanc

Voir rubrique précédente • Patrimonio • Roussette de Savoie • Si les beignets sont particulièrement légers et savoureux : meursault, pessac-léognan • Gewurztraminer sec, pas trop fruité.

Rosé

Coteaux-d'aix • Côtes-de-provence • Anjou sec • Chinon.

Langoustines en brochette

Grillées juste ce qu'il faut, servies avec un beurre aromatisé et l'inévitable rondelle de citron, les langoustines très fraîches peuvent régaler. Et réclamer un vin à la fois vif et rond. Mais qu'elles aient trop traîné sur la glace pilée ou qu'elles soient trop desséchées par la cuisson... elles ne méritent alors qu'un petit blanc les faisant avaler vite.

Blanc

Mâcon • Saint-véran • Muscadet • Entre-deux-mers.

Langoustines au curry

Ou curry de langoustines... Ce plat plutôt asiatique dirige vers les blancs jouant avec les épices (qui peuvent aller jusqu'à emporter la bouche, à la mode thaï, ne laissant guère juger de la chair du crustacé). Avant tout des vins aromatiques, ronds et tendres du Val de Loire, d'Alsace, de Condrieu.

Blanc

Savennières • Coteaux-de-l'aubance • Coteaux-du-layon • Vouvray sec et demi-sec • Alsace pinot gris sec ou vendanges tardives • Gewurztraminer sans trop de fruité • Condrieu • Saint-joseph • Saint-péray • De nombreux côtes-du-rhône villages • Coteaux-du-languedoc marqué viognier.

Langouste (diverses préparations)

Pas de pinces, longues antennes... et tant de provenances. Bretonne ou méditerranéenne, elle atteint souvent les sommets de la succulence, mais est loin d'apparaître sur toutes les tables. Venue de Cuba, des Caraïbes ou des côtes africaines, elle peut décevoir cruellement. Et ne se remet pas d'être précuite et congelée... Rivale du homard, se préparant comme lui, à la nage, au court-bouillon, rôtie, et appelant les mêmes vins, une belle langouste fait désirer de grands blancs alliant rondeur et vivacité, puissance et suavité. Les plus somptueuses bouteilles du Domaine Leflaive ou du Domaine des comtes Lafon, en Bourgogne, un Domaine de Chevalier ou un Château Laville Haut-Brion, dans l'univers des pessac-léognan... Il faut savoir rêver !

Blanc

Voir les notices consacrées au homard. Avec une préférence, si la préparation est simple et la langouste superbe, pour les meilleurs meursaults et pessac-léognan (qui peuvent avantageusement avoir légèrement vieilli).

Une belle bouteille

Meursaults : Château de Meursault, Domaine Jacques Prieur, Domaine Roulot, Olivier Leflaive • Pessac-léognan : Château La Louvière, Clos Floridène.

Langouste ou homard à la parisienne, en bellevue

Des apprêts froids classiques, lustrés et parés de gelée, en principe avec mayonnaise... Cela peut être très bon, mais se révèle généralement trompeur, genre chic-et-pas-de-goût : quel grand chef actuel préparerait ainsi une superbe langouste ? Comme il s'agit plutôt d'une entrée, nous pencherons vers un bon bourgogne blanc, vers un sancerre, un chablis ou un graves honnête à garder pour la suite. En aucun cas de grande bouteille, sauf quand un poisson noble figure au menu.

Blanc

Pratiquement tous les vins des notices précédentes. Sancerre • Pouilly-fumé • Quincy • Pouilly-fuissé • Mâcon.

Civet de langouste

Cette spécialité catalane fait appel à l'huile d'olive et aux oignons, aux tomates concassées et au capiteux banyuls rancio, vin doux ayant évolué dans des conditions spéciales. Un plat puissant auquel certains banyuls répondent avec force et suavité.

Pourquoi pas ?

Banyuls rimage (vieilli en bouteille) d'un certain âge • Maury.

Écrevisses à la nage

Ces crustacés d'eau douce furent abondants dans les rivières et les torrents de France. Mais il y a belle lurette que les nobles « pieds rouges », ou « pattes rouges », sont rarissimes. L'écrevisse « pattes grêles », maintenant produit d'élevage (surtout en Turquie), et d'autres espèces font semblant de la remplacer. Grâce à ces substituts, qui ont surtout le goût de leur préparation, les écrevisses sont toujours emblématiques de certains restaurants, voire de certaines régions (Alsace, Jura, Bordelais, Lyonnais). Et l'on continue de les décortiquer avec les doigts à plaisir quand elles sont servies entières, cuites à la nage, non sans avoir noué autour de son cou la rituelle serviette-bavoir. Amusant, si l'on ne craint pas les éclaboussures, mais cela ne justifie pas forcément un grand vin... Le choix de la bouteille dépend des écrevisses auxquelles on s'attend et de l'intensité aromatique du court-bouillon...

■ Blanc

Chablis • Meursault • Condrieu • Saint-joseph • Crozes-hermitage • Certains côtes-du-rhône villages et coteaux-du-languedoc.

Écrevisses flambées au cognac, au whisky

Traitement incongru, mais les flambages font encore partie du répertoire culinaire. L'accommodement, qu'il s'agisse de vieux cognac ou de whisky pur malt, gâche les plus belles écrevisses et n'arrange pas les autres. Va pour un blanc sec... qui part perdant ; généreux, il ne gagne rien à la rencontre ; faiblard, il disparaît. En aucun cas un grand vin.

■ Blanc

Muscadet assez rond • Bourgogne • Mâcon • Riesling pas trop typé • Alsace pinot gris.

Écrevisses à la bordelaise

Vin blanc, mirepoix (préparation de légumes taillés et d'aromates), tomates concassées ou concentré de tomate, prudent arrosage au cognac enflammé... Clin d'œil à certains rosés ? Possible, mais les blancs, d'origines et d'accents divers, sont plus facilement assortis.

■ Blanc

Voir Écrevisses à la nage. Vouvray sec • Sancerre • Pouilly-fumé • Alsace pinot gris • Mâcon et graves très ronds.

■ Rosé

Marsannay • Tavel • Corbières • Fronton • Bordeaux clairet.

Gratin de queues d'écrevisses à la Nantua

Généralement proposé en « entrée chaude », ce gratin est dominé par la béchamel crémée, dans laquelle on incorpore le beurre d'écrevisses. Sauf coup de main et attention d'un cuisinier scrupuleux, le goût du crustacé n'apparaît guère. Quoi qu'il en soit : un vin sec tendre ou légèrement moelleux.

■ Blanc

Savennières • Anjou • Saumur-champigny • Vouvray • Montlouis • Alsace pinot gris • Jurançon.

Escargots Cuisses de grenouilles

Voir p. 25-26.

GIBIER

Pour les dictionnaires, Larousse gastronomique *compris, le mot gibier désigne les animaux sauvages chassés. Bien que la cynégétique ait perdu de sa popularité en France, que certains animaux se raréfient et que d'autres soient dorénavant protégés, le gibier se maintient en belle place sur la carte des restaurants et sur les étals des marchés.*

Il permet aux chefs de montrer leur professionnalisme et, souvent, de prouver leurs dons de sauciers, parce que le semi-élevage ou l'élevage de certaines espèces les a mises à la portée de (presque) tous. Le marcassin et le chevreuil, par exemple, ont considérablement élargi leur « clientèle ». Qui s'étonne d'un faisan ? La situation diffère totalement de ce qu'elle était il y a un demi-siècle, mais la saison de la chasse est toujours celle des mets pour lesquels sortent les grandes bouteilles de vins élégamment costauds.

Le gibier à poils, gros ou petit, et le gibier à plume ont certes des goûts extrêmement différents. Mais un point commun : la chair est ferme, compacte, de saveur affirmée, voire puissante. Saufs exceptions, notamment avec le gibier élevé par l'homme et relâché pour être abattu, la viande se distingue facilement de celle des animaux de boucherie. Assez souvent, elle nécessite d'ailleurs d'atteindre un certain degré de maturation avant de se révéler agréablement mangeable.

Fréquemment marinée, la viande du gibier à poil appelle facilement les accompagnements sucrés (les fruits sont fidèles au rendez-vous) et les sauces relevées. Le gibier à plume – colvert, faisan, pigeon ou perdrix –, se prépare comme la volaille, les saveurs, pas forcément raffinées, se situant cependant « un cran au-dessus ».

La venaison (la « viande noire » du gros gibier) et certains apprêts du lièvre obligent à penser à des vins puissants, qui peuvent être très différents : pommard ou bandol ? Hermitage ou volnay ? Côte-rôtie ou saint-émilion ? Coteaux-du-languedoc ou vin de Corse ? Le gibier à plume fait hésiter entre côtes-de-nuits et pomerol, crozes-hermitage et gevrey-chambertin. Bien des appellations peuvent être judicieusement explorées, de l'Anjou jusqu'en Corse, les rouges gouleyants n'offrant qu'un gentil fruité étant cependant à peu près exclus. Comme le sont la majorité des rosés, trop pâles à l'œil et à la papille, et, plus encore, les blancs, sauf rarissimes exceptions : le lecteur alsacien sait que le pinot gris et le gewurztraminer sont avantageusement servis avec les gibiers pas trop puissants accompagnés d'airelles.

Dans l'ensemble donc : un rouge de belle ampleur, un peu alcooleux, étoffé, généreux, éventuellement d'une opulente puissance. En aucun cas le vin passe-partout à la rigueur admissible avec le steak frites. Rarement les vins heureux avec la viande blanche.

(Nous n'évoquons, à la suite, que des animaux couramment commercialisés, à l'exception du lapin de garenne, pratiquement cité « pour mémoire ». En dehors du coûteux lièvre à la royale, spécialité de haute gastronomie que l'on ne peut ignorer, et quelle que soit la recette choisie, nous avons privilégié les préparations simple.)

GIBIER À POIL

LAPIN DE GARENNE

Depuis la ravageuse myxomatose, il s'est fait rare. Souvent préparé en civet, de saveur plus puissante que son cousin du clapier, il s'entend avec les mêmes vins que le lièvre.

LEVRAUT RÔTI

Le râble et les cuisses d'un jeune lièvre, passés au four, volontiers proposés avec une petite sauce crémée parfumée à l'estragon. Un rouge de bonne tenue, sans chercher la puissance.

■ Rouge

Saumur-champigny • Chinon et bourgueil relativement corsés • Vougeot • Nuits-saint-georges • Gevrey-chambertin • Gigondas • Crozes-hermitage • Patrimonio • Vin de Corse porto-vecchio (Oriu) • Collioure • Médoc • Listrac • Moulis • Saint-émilion • Pomerol • Graves • Madiran.

■ Rosé

Pas vraiment la bonne couleur · Collioure agréablement acceptable.

■ Blanc

Peut flirter avec la crème, si elle est très présente, mais n'apporte pas grand chose en règle générale · Meursault · Pouilly-fuissé.

CIVET DE LIÈVRE

Marinade, préparation au vin rouge, liaison avec le sang de l'animal... Ragoût des grands jours généralement agrémenté de petits oignons, de lardons et de champignons, le civet de lièvre est onctueux, de saveur assez puissante (cela dépend beaucoup de l'animal, de sa provenance). Bien des rouges conviennent, éventuellement parents proches du vin servant pour la préparation. On échantillonne dans presque toutes les régions, mais nous privilégions la côte de Beaune et surtout, l'univers viticole rhodanien. Si le plat promet d'être haut en saveur, on choisira un vin assez corpulent, dense, robuste et moelleux à la fois, tels le pommard ou l'hermitage (pour citer deux appellations aux caractères différents, mais qui tiennent devant ce plat, comme devant les venaisons).

■ Rouge

Saint-joseph · Crozes-hermitage · Hermitage · Châteauneuf-du-pape · Gigondas · Côtes-du-ventoux · Bandol · Vins de Corse les plus robustes · Corbières · Minervois · Collioure · Saint-émilion · Pomerol · Canon-fronsac · Pécharmant · Côtes-de-saint-mont · Beaune · Pommard · Santenay · Vosne-romanée.

■ Une belle bouteille

Saint-joseph : Bernard Gripa et Cave de Tain-l'Hermitage · Cornas : Jean-Luc Colombo · Corbières : Château Étang des Colombes · Collioure : Cuvée les Junquets-Domaine du Mas blanc · Côtes-de-saint-mont : Grande Réserve du Château Saint-Go (Plaimont) · Fronsac : Château Fontenil · Canon-fronsac : Château Grand-Renouil · Beaune et chorey-lès-beaune : Domaine Arnoux père et fils.

■ Pourquoi pas ?

Suggestion audacieuse de cet expert qu'est Philippe Bourguignon : un banyuls rimage (ayant subi une lente maturation dans une bouteille bouchée).

RÂBLE DE LIÈVRE À LA CRÈME

Une longue marinade, une cuisson au four assez rapide, un parfum d'ail (Curnonsky préconisait de servir avec de beaux croûtons, frits et frottés à l'ail). Cela entraîne facilement vers les côtes-du-rhône septentrionaux.

■ Rouge

Hermitage • Crozes-hermitage • Saint-joseph • Cornas • Faugères • Fitou • Corbières • Côtes-du-roussillon villages • Collioure.

LIÈVRE À LA ROYALE

Très grand plat du répertoire français, sujet à variantes et suscitant d'aimables querelles d'initiés (avec ou sans foie gras ? selon la recette du sénateur Couteaux ou à la périgourdine ?). D'élaboration complexe et fatalement coûteux, quelle que soit la recette – deux grandes options bien différentes –, le lièvre à la royale ne régale que chez les grands cuisiniers perfectionnistes fous de gibier (Henri Faugeron, Gérard Besson, Émile Jung, par exemple). C'est un plat à éviter systématiquement chez les médiocres, qui s'obstinent à le proposer en versions souvent appauvries : le lièvre doit s'avérer d'une qualité exceptionnelle, la sauce liée au sang ne peut qu'être parfaite. Réussi, ce mets rare emplit la bouche, marque durablement les papilles : il serait criminel de l'accompagner d'un vin passe-partout. L'élu, choisi de bon millésime, pas trop jeune (il serait bien, dans plusieurs appellations solides, qu'il ait fêté ses dix ans !), doit être puissant, ce qui n'exclut ni la finesse ni l'élégance. Il lui est demandé d'offrir la mâche et la finesse, une réelle persistance en bouche... À grand plat, grand vin, rien n'interdisant de rêver à la romanée-conti ou à quelque richebourg...

■ Rouge

Corton • Clos-de-vougeot • Châteauneuf-du-pape • Cornas • Saint-joseph • Gigondas • Hermitage • Saint-émilion • Pomerol (de préférence puissant) • Lalande-de-pomerol • Cahors • Madiran.

■ Une belle bouteille

Nous nous efforçons de rester raisonnables quant aux prix, faisant ainsi l'impasse sur certains vins vedettes faits pour le lièvre à la royale, mais que le commun des mortels ne peut s'offrir. La rareté et la qualité du mets nous entraîne cependant à des propositions assez coûteuses. Corton : Domaine Tollot-Beaut • Gigondas : Domaine Raspail Ay, Domaine du Cayron • Bandols : Château de Pibarnon, Château Pradeaux, Domaine Tempier (Cabassaou) • Saint-émilion : Château Grand Pontet • Lalande-de-pomerol : Château Grand Ormeau • Madirans : Château Montus, Château d'Aydie • Cahors : Prince Probus du Clos Triguedina.

Filet de marcassin rôti

La saveur fauve serait venue plus tard, si l'animal avait eu le temps de grandir… Âgé de moins de six mois, le tendre marcassin se passe de marinade, ou ne marine qu'assez brièvement, et est généralement préparé sans manières. Les côtelettes passent à la poêle, comme celles du porc, alors que le filet, à barder, fait un excellent rôti. Les vins convenant à cette viande au goût agréable, mais pas trop affirmé sont nombreux. Un cran plus « forts » que ceux dont le destin est lié au cochon ? Sans doute. Mais un cran moins corsés que les compagnons du sanglier. Des rouges, bien sûr, bien structurés plus que charpentés, un rien souples.

■ Rouge

Saumur-champigny, chinon, bourgueil et alsace pinot noir choisis robustes • Beaune • Chorey-lès-beaune • Santenay • Saint-romain • Saint-joseph • Cornas • Crozes-hermitage • Gigondas • Vacqueyras • Bandol • Patrimonio • Minervois • Collioure • Madiran • Saint-émilion • Montagne-saint-émilion • Pomerol • Lalande-de-pomerol • Fronsac • Côtes-de-saint-mont.

Civet de marcassin

Un vin proche de celui qui a servi à la préparation, conseille-t-on rituellement. Ou assez proche… Il s'agira toujours d'un rouge, ayant de préférence quelques années de cave. On peut regarder vers la côte de Beaune, penser à quelque volnay ou pernand-vergelesses, se promener dans les vignes de la côte de Nuits, mais nous inclinons prioritairement vers les côtes-du-rhône septentrionaux. Sans doute est-il plus raisonnable de laisser les plus puissants côtes-rôties et les grands hermitages au sanglier : tout dépend de la saveur du marcassin.

■ Rouge

Voir notice précédente.

■ Une belle bouteille

Chorey-lès-beaune, savigny-lès-beaune : Domaine Arnoux père et fils • Santenay : Roger Belland • Fixin : Domaine Berthaut • Hautes-côtes-de-beaune : Domaine Henri Naudin-Ferrand • Côtes-de-beaune villages : Clos des Marconnets-Chanson père et fils • Cornas et crozes-hermitage : Paul Jaboulet aîné • Cornas et saint-joseph : Maison M. Chapoutier.

Civet de sanglier (et autres préparations)

Meilleur quand il est âgé de un à deux ans, nécessitant d'avoir été longuement immergé dans le vin rouge quand il est plus vieux – il baigne systématiquement dans la marinade avant cuisson – le sanglier ne se rôtit pas : les plus beaux morceaux finissent généralement dans les effluves d'un civet. Le choix du vin s'effectue en fonction de la saveur plus ou moins fauve de la venaison et, plus ou moins, de l'appellation de celui qui a été utilisé lors de la préparation. Les mêmes bouteilles se tiendront bien avec une daube, voire avec de simples côtelettes poêlées. Attention au goût fort des vieux sangliers, même après d'interminables marinade et cuisson : le vin devra tenir tête à un rude compagnon ! (Mais il est rare que l'on affronte la chair coriace d'une bête de plus de trois ou quatre ans).

■ Rouge

Aloxe-corton • Beaune • Volnay • Pommard • Santenay • Maranges • Rully • Côte-rôtie • Hermitage • Crozes-hermitage • Cornas • Saint-joseph • Châteauneuf-du-pape • Gigondas • Bandol • Les meilleurs vins de Corse • Bon chinon vieux de cinq ou six ans au moins • Saint-émilion • Montagne-saint-émilion • Pomerol • Fronsac • Côtes-de-saint-mont.

■ Une belle bouteille

Côte-rôtie et hermitage : Maison M. Chapoutier • Côte-rôtie brune et blonde de E. Guigal • Crozes-hermitage : Domaine Étienne Pochon • Côtes-du-rhône, châteauneuf-du-pape : Château de Beaucastel, Château La Gardine • Gigondas : Domaine Les Goubert • Bandol : Château de Pibarnon • Vin de Corse porto-vecchio : Oriu (Domaine de Torraccia) • Saint-émilion grand cru : Château Faugères, Château Larmande • Montagne saint-émilion : Château Maison Blanche • Fronsac : Château Fontenil • Côtes-de-saint-mont : Monastère de Saint-Mont-Plaimont.

■ Pourquoi pas ?

On peut rêver des grands volnays de belle année du Domaine Marquis d'Angerville ou de quelque superbe bouteille signée de Montille (précieux flacons qui feraient honneur à un civet d'exception). Les volnays du Domaine Pascal Bouley satisfont à un moindre prix, mais sont produits en assez faible quantité.

Daube de sanglier

Une longue cuisson dans la cocotte, après quelques heures de marinade... Un cuissot de jeune sanglier ainsi préparé s'accommodera des vins déjà évoqués, rouges toujours préférés corsés.

■ Rouge

Voir notice précédente.

Chevreuil grand veneur (et autres préparations)

Sans être totalement popularisé, ni à la portée de toutes les bourses, le chevreuil se trouve facilement. Sa chair tendrement savoureuse, surtout lorsqu'il est jeune, ne nécessite pas de marinade ou se satisfait d'une brève macération. La majorité des recettes, à l'instar de l'apprêt dit « grand veneur », jouent à la fois sur un aspect relevé et sur la douceur.

La plupart des vins allant avec le marcassin et une grande partie de ceux qui tiennent tête au sanglier peuvent participer, élus de préférence dans des millésimes réputés fins et tendres. Des filets mignons, sautés ou vivement grillés aux recettes style « grand veneur » (crème et gelée de groseille incorporées dans la sauce poivrade), des côtelettes sautées minute aux civets caressés par la purée de marron, il y a d'évidentes différences... mais qui ne poussent pas à des choix de vins bien différents.

La présence de baies rouges, de garnitures légèrement sucrées expliquent pourquoi de grands sommeliers alsaciens proposent un gewurztraminer ou un alsace pinot gris marqué par le sucre résiduel, mais on va généralement vers les beaux bourgognes, de la côte de Beaune ou de la côte de Nuits, vers les côtes-du-rhône septentrionaux, les bandols...

Rouge

Il y a beaucoup à reprendre dans les notices précédentes ! Vougeot • Ladoix • Beaune • Volnay • Monthélie • Santenay • Hautes-côtes-de-beaune • Vins du Jura • Côte-rôtie • Cornas • Crozes-hermitage • Hermitage • Côtes-du-rhône villages • Vacqueyras • Les baux-de-provence • Bandol • Côtes-du-roussillon villages • Collioure • Pomerol • Lalande-de-pomerol.

Une belle bouteille

Santenay : Roger Belland • Côte-rôtie et côtes-du-rhône : E. Guigal • Côtes-du-rhône, cornas : Les Terroirs du Rhône • Côtes-du-rhône villages : Domaine de Cabasse • Vacqueyras : Château des Roques • Les baux-de-provence : Château Romanin • Bandols : Château de Pibarnon, Domaine Tempier.

Biche (diverses préparations)

La chasse au cerf fait l'objet d'une sévère réglementation, mais son élevage se développe considérablement. La chair de la jeune biche goûteuse, plus tendre que celle du mâle, est assez souvent proposée. Simplement préparée en général, mais s'accommodant comme le chevreuil, elle appelle les mêmes vins que ce dernier.

Rouge

Voir Chevreuil grand veneur, p. 83.

GIBIER À PLUME

FAISAN OU POULE FAISANE RÔTIS

Le faisan est plus beau, la poule faisane meilleure, de chair plus fine. Mâle ou femelle, ce roi du gibier à plume est moins savoureux quand il a été lâché juste avant d'être chassé, comme c'est de plus en plus fréquent. Jeune et de qualité, le faisan gagne à être simplement rôti, la chair de l'aile juste rose. Les vins généreux ne sont pas exclus, mais il faut songer au soyeux, éviter l'agressivité tannique, le fruité expansif.

■ Rouge

Nuits-saint-georges • Gevrey-chambertin • Morey-saint-denis • Chambolle-musigny • Beaune • Volnay • Santenay • Chénas et moulin-à-vent de qualité, charnus • Côte-rôtie • Hermitage • Crozes-hermitage • Cornas • Châteauneuf-du-pape • Bandol • Faugères.

■ Pourquoi pas ?

Si la bouteille était débouchée (ne pas l'ouvrir spécialement !), on pourrait tenter la rencontre avec un vin blanc sec adouci par une harmonieuse tendreté. Un alsace pinot gris, par exemple, ou certains graves (des vins qui iraient avec une préparation au paprika, telle que la réussit ce grand chef qu'est Émile Jung).

FAISAN AUX RAISINS

Cuit au four, le faisan est apprêté avec des grains de raisin épépinés et de la crème. Nous restons sur les vins évoqués précédemment.

■ Rouge

Voir notice précédente • Plutôt favoriser les côte-de-nuits.

SALMIS DE FAISAN

Avec le chartreuse, l'un des apprêts convenant le mieux au faisan un peu âgé. Il s'agit d'un ragoût aux multiples variantes (assaisonnement, garniture), qui appelle les vins déjà cités.

L'accompagnement pourra influer, s'il s'agit de chou braisé ou de cèpes, par exemple, mais n'entraînera pas spécialement vers d'autres régions, encore moins vers le rosé et le blanc, sauf rares exceptions ou volonté d'expérimenter (cf. le « Pourquoi pas ? » ci-dessus).

■ Rouge

Voir Faisan ou poule faisane rôtis.

GRIVES AUX RAISINS

Flambées, bridées, entourées d'une feuille de vigne et d'une barde de lard, les grives à la chair délicate et parfumée sont cuites au four, passent par la cocotte avec les grains de raisin et finissent sur canapé, avec un lit de farce. Le cognac utilisé pour le déglaçage peut se faire sentir, un peu trop parfois (il en va de même pour le genièvre, en d'autres préparations).

Pour ce régal d'automne – les amateurs privilégient les grives de vigne –, des rouges pas exagérément corsés, au fruité éventuellement marqué... si l'on n'opte pas pour un pomerol à la jolie rondeur ou un médoc aimable ! Surtout pas de tanins durs.

■ Rouge

Alsace pinot noir • Beaujolais villages de qualité • Moulin-à-vent • Chénas • Cornas • Crozes-hermitage • Côtes-du-rhône villages • Coteaux-du-tricastin • Côtes-du-ventoux • Vin de Corse de qualité • Faugères • Saint-émilion • Pomerol • Médoc • Haut-médoc • Chinon • Bourgueil.

Cailles grillées ou rôties

Faut-il parler de gibier ? Les petits migrateurs dodus, proches de la perdrix, se sont considérablement raréfiés, alors qu'une espèce cousine, importées d'Asie, est élevée comme une volaille et apparaît sur les étals à des prix raisonnables. Le goût perd en délicatesse et en force, mais les préparations restent les mêmes.

Généralement bardées, afin que la chair ne dessèche pas, les cailles sont souvent grillées en brochettes ou rôties. Elles se révèlent amies des rouges, ne les écrasant pas de leur puissance, mais on doit penser à des vins généreux avec les préparations à la vigneronne ou marquées par la truffe.

■ Rouge

Anjou villages • Saumur-champigny • Chinon • Bourgueil • Côtes-du-rhône villages • Bandol • Côtes-du-roussillon villages • Collioure • Médoc • Saint-émilion • Pomerol • Fronsac • Bergerac.

Perdreau et perdrix rôtis (et diverses préparations)

La perdrix est appelée perdreau jusqu'à l'âge de huit mois. Gibier très chassé, ce migrateur est vite rôti « à la goutte de sang » dans sa prime jeunesse, alors qu'il est tendre et fondant, mais demande davantage de cuisson et suggère d'autres accommodements quand il a pris de l'âge.

Les vins rencontrés avec la caille conviennent assez bien au perdreau, mais on cherchera un peu plus de robustesse pour la perdrix, qu'elle soit rouge ou grise. Rien n'interdisant, si l'on peut se les offrir, de monter jusqu'aux grands crus de la côte de Nuits...

■ Rouge

La plupart des vins de la côte de Nuits et bon nombre de la côte de Beaune • Nuits-saint-georges • Gevrey-chambertin • Chambertin • Morey-saint-denis • Chambolle-musigny • Vosne-romanée • Vougeot • Clos-de-vougeot • Beaune • Savigny-lès-beaune • Santenay • Ladoix • Mercurey • Givry • Corbières • Collioure • Anjou villages les plus structurés • Saumur-champigny • Chinon • Bourgueil.

■ Une belle bouteille

Bourgogne, gevrey-chambertin : Maison Louis Jadot, Domaine Alain Burguet • Côte-rôtie : Château d'Ampuis d'E. Guigal • Saumur-champigny vieilles vignes : Domaine Filliatreau • Corbières : Château Les Palais • Côtes-du-roussillon villages : Domaine Gauby.

Bécasse rôtie

Un régal pour les chasseurs, mais qu'on ne trouve, théoriquement, jamais au restaurant, pour cause d'interdiction. Le goût, assez fort (on adore ou on déteste), peut être amplifié par la préparation, par les truffes.

■ Rouge

Nuits-saint-georges • Gevrey-chambertin • Morey-saint-denis • Vougeot • Chambolle-musigny • Pommard • Côte-rôtie • Hermitage • Crozes-hermitage • Bandol.

Palombe rôtie
Salmis de palombe
(pigeon sauvage)

Appelé palombe des vignes médocaines jusqu'à l'AOC irouléguy, de Saint-Émilion aux cols pyrénéens, le pigeon sauvage se prépare comme les pigeons d'élevage. Soit délicatement rôti, solution la plus simple et souvent la meilleure, soit embroché pour passer au gril, soit accommodé en salmis (d'un goût plus puissant que son cousin de la ferme, il appelle des rouges assez corsés, d'origines très diverses).

■ Rouge

Médoc • Haut-médoc • Moulis • Listrac • Saint-estèphe • Pomerol • Lalande-de-pomerol • Fronsac • Côtes-de-bourg • Côtes-de-castillon • Graves • Pessac-léognan • Cahors • Madiran • Irouléguy, si particulièrement structuré • Savigny-lès-beaune • Beaune • Volnay • Mercurey • Crozes-hermitage • Côtes-du-rhône villages • Vins de Corse, les plus puissants.

■ Une belle bouteille

Médoc : Château La Tour de By • Haut-médoc : Château Coufran, Château Verdignan • Saint-estèphe : Château Pomys, Château Chambert-Marbuzet • Listracs : Château Mayne Lalande, Château Fourcas-Dupré • Côtes-de-castillon : Château de Belcier • Pessac-léognan : Château Haut-Gardère •

Cahors : Château Gautoul, Château Lagrezette • Madiran : Domaine de Pierron-Cave de Saint-Mont, Château d'Aydie • Volnay : Domaine Pascal Bouley • Mercurey : Domaine Juillot, Château de Chamilly.

CANARD SAUVAGE (diverses préparations)

Colvert, souchet, tadorne... Les canards sauvages, dont la chair est plus ferme, plus goûteuse, se préparent comme les canards d'élevage et sont souvent associés aux olives, parfois à l'orange. On les rencontre assez souvent en salmis hauts en saveur. Le choix du vin dépend de l'apprêt, bien sûr (les olives font songer aux AOC rhodaniennes), mais le choix est vaste : il suffit de privilégier la robustesse élégante, en écartant, a priori, les vins souples trop fruités.

Rouge

Pratiquement tous les vins évoqués dans les notices précédentes. Médoc • Haut-médoc • Moulis • Listrac • Pomerol • Côte-de-bourg • Graves • Pessac-léognan • Marsannay • Gevrey-chambertin • Nuits-saint-georges • Volnay • Ladoix • Santenay • Monthélie • Côte-rôtie • Crozes-hermitage • Cornas • Saint-joseph • Côtes-du-rhône-villages • Gigondas • Lirac • Côtes-du-ventoux • Palette • Côtes-de-provence • Bandol • Madiran • Côtes-de-saint-mont • Cahors • Bourgueil.

AGNEAU

Délicieux à Noël, très bon à Pâques, savoureux toute l'année (mais inégalement tendre), l'agneau révèle la façon dont il a été élevé. Et a le goût de son âge : la chair de l'agnelet, du laiton, pratiquement blanche, très délicate, d'une finesse presque fade, n'a rien à voir avec celle de l'agneau ayant beaucoup brouté, plus colorée, plus grasse, plus forte en goût, plus « moutonnante ».

Succulente, la viande se prête à diverses cuissons, les pièces à rôtir tenant souvent du régal (gigot, selle anglaise, carré). Les côtelettes sont vouées à la grillade, destin également réservé aux morceaux d'épaule, de collier et de poitrine facilement détaillés pour être enfilés sur les brochettes. Il arrive aussi que l'agneau soit braisé (épaule) ou sauté, voire bouilli (gigot). Dans l'ensemble, prévaudront des accords simples, avec des vins d'une certaine finesse, pas forcément délicats, n'ayant pas trop évolué en cave. Une certaine astringence et davantage de corsé ne sont pas à craindre quand l'agneau a brouté et renforcé sa saveur, mais l'excès tannique et la puissance alcoolique gâchent toujours le plaisir. Les garnitures se révèlent souvent neutres par rapport au vin, mais il faut se garder de certaines.

Le vin, que favorisent la purée de pommes de terre ou les flageolets, peut légèrement souffrir de la gentille agressivité des haricots verts et des petits pois fraîchement arrivés du jardin.

IRISH STEW, MOUSSAKA, TAJINE D'AGNEAU

Voir Saveurs d'ici, saveurs d'ailleurs, p. 163.

Côtelettes (côtes) d'agneau grillées

Parfois appelées *lamb chops*, à l'anglaise, les côtelettes, ou côtes, sont plus ou moins maigres selon le morceau, mais cela n'a pas une importance primordiale pour le vin. D'agneau de lait (en prévoir deux par personnes), tendres et délicates, avec une légère saveur de noisette, elles se laissent caresser par un médoc élégant, assez jeune, peu tannique, mais peuvent faire penser à un vin méridional, des Baux-de-Provence, par exemple, séveux et pas écrasant.

Les côtelettes d'agneau de boucherie, plus grosses, à la saveur plus marquée, dirigent vers un saint-émilion, un pomerol ou un bordeaux apparenté, les bourgognes fruités et tendres se révélant également bons amis.

Les vins des côtes-du-rhône et de diverses AOC méridionales sont à juste titre appelés à la rescousse quand les herbes odorantes font leur apparition, selon la tradition provençale. Un rosé du Midi ou d'Irouléguy a son charme aux beaux jours, sans que l'alliance soit éblouissante.

Aucun blanc ne fonctionne bien (si l'on est obligé de choisir cette couleur, opter sans enthousiasme pour un vin à tonalité sec-tendre, style chenin ou alsace pinot gris). On se méfiera de certains accompagnements légumiers peu amis du vin, comme cela a été rappelé en introduction... et ne sera plus redit.

■ Rouge

Peu d'ostracismes... mais les vins issus du gamay et certaines expressions du pinot noir n'apportent rien.

Médoc • Haut-médoc • Moulis • Listrac • Saint-julien • Margaux • Pauillac • Pomerol • Saint-émilion • Graves • Pessac-léognan • Chinon et bourgueil (de bonne compagnie avec les légumes printaniers) • Mercurey • Givry • Rully • Alsace pinot noir délicat • Côtes-du-rhône • Coteaux-d'aix • Les baux-de-provence • Bandol (jeune) • Corbières • Côtes-du-roussillon villages.

■ Rosé

Possible, sans plus. Tavel • Lirac • Les meilleurs côtes-de-provence • Vin de Corse • Patrimonio • Bordeaux clairet.

■ Une belle bouteille

On peut viser haut quand l'agneau est parfait et la garniture aimable, quoique les trop beaux vins fassent oublier la viande. Tenir compte de l'intensité aromatique des herbes.

Haut-médoc et médocs : Château Coufran, Château Verdignan, Château de Camensac, Château Noaillac • Listrac : Château Fourcas-Dupré • Margaux : Château d'Angludet • Pauillac : Château Haut-Bages Averous • Pessac-léognan : Château de France • Chinon : Domaine Yannick Amirault • Les baux-de-provence : Château Romanin • Bandol : Château de Pibarnon, sorti jeune de cave • Corbières : Château la Voulte

Gasparets, Château Étang-des-Colombes • Côtes-du-roussillon villages : Domaine Gauby.

Carré d'agneau simplement rôti

Les côtes, non séparées, constituent un succulent rôti. Il est assez souvent préconisé d'enduire la viande d'un mélange de moutarde, d'huile, de chapelure, de persil et d'ail avant de la passer au four. Par habitude, sans doute, nous irons d'abord vers un médoc, sans éviter l'agréable poncif du pauillac (même si le cinéma de l'agneau dit de pauillac a fait long feu). Mêmes vins que dans la rubrique précédente, que l'on peut choisir plus charpentés, de plus grand millésime.

■ Rouge

Médoc • Haut-médoc • Moulis • Listrac • Saint-julien • Margaux • Pauillac • Graves • Et tous les vins évoqués en accompagnement des côtelettes d'agneau.

■ Une belle bouteille

Graves : Château d'Ardennes, Château de Chantegrive, Clos Floridène • Pessac-léognan : Château Laville Haut-Brion • On peut puiser dans la précédente notice !

■ Pourquoi pas ?

Une bière blonde onctueuse, de type Pilsen. Mais on ne tentera surtout pas de forcer les convives.

Carré d'agneau à l'ail

Le carré peut aussi être cuit nature dans le four brûlant, puis servi tout doré avec une crème d'ail. Si la plupart des vins évoqués aux rubriques antérieures conviennent, on favorisera catégoriquement les côtes-du-rhône villages et les appellations proches en réponse à l'accent méridional, quand il marque fortement le plat (présence de tomate, senteurs de garrigue).

■ Rouge

Côtes-du-rhône villages • Gigondas • Vacqueyras • Coteaux-du-tricastin • Côtes-du-ventoux • Faugères • Minervois • Collioure.

Carré d'agneau à la niçoise

Le carré est servi, dans la cocotte en terre sortie du four, avec son accompagnement fondant de tomate, de courgette, de petites pommes de terre, le tout fleurant bon l'huile d'olive. Les vins des notices précédentes, avec un avantage, là aussi, pour les AOC du Rhône et du Languedoc-Roussillon.

■ Rouge

Voir notice précédente. Coteaux-d'aix • Bellet.

Brochettes d'agneau, chiche-kebab

Particulièrement proposées en Turquie, appréciées dans tous les pays méditerranéens, il y a belle lurette que le chiche-kebab font partie du répertoire français (l'agneau remplaçant généralement le mouton). La viande, plutôt celle d'un agneau d'herbes et de bergerie, ou d'un broutard presque moutonnant, vient en principe du gigot, découpé en petits cubes. Après passage dans une marinade, de préférence marquée par l'huile d'olive, les brochettes faisant alterner oignons, tomates et poivrons avec la viande sont vouées au barbecue ou au gril. Accompagnées de riz pilaf et de salade, elles ne demandent pas davantage un grand vin que les brochettes de bœuf. En fait, elles s'entendent pratiquement avec les mêmes appellations, très diverses, notamment avec leurs vins les plus souples. Si les brochettes sont banales, on se contentera d'un verre de rosé très frais, pour faire passer.

■ Rouge

Servi frais. Côtes-du-rhône villages • Côtes-du-ventoux • Vacqueyras • Lirac • Coteaux-du-languedoc • Faugères • Fitou • Minervois • Saint-chinian • Côtes-du-roussillon villages • Collioure • Bergerac • Bordeaux supérieur • Côtes-de-blaye • Côtes-de-bourg • Médoc • Moulis • Listrac.

■ Rosé

Tavel • Costières-de-nîmes • Bandol • Collioure.

■ Une belle bouteille

Exclusivement si la viande est tendre et la cuisson soignée... Côtes-du-rhône : Château Mourgues-du-Grès • Vacqueyras : Château de Montmirail • Lirac rouge : Domaine de la Mordorée • Tavel : Château d'Aquéria • Costières-de-nîmes rouge ou rosé : Château de Campuget.

Épaule d'agneau braisée

Une préparation classique et simple, dont les garnitures sont très diverses. Les haricots blancs et les pommes de terre ne posent aucun problème. On évitera de boire le rouge choisi immédiatement sur les haricots verts ou les fonds d'artichauts. La présence de cèpes ferait opter pour un vin typé merlot, saint-émilion ou pomerol par exemple.

■ Rouge

Médoc • Haut-médoc • Listrac • Moulis • Pauillac • Saint-émilion • Pomerol • Fronsac • Chinon • Bourgueil • Peut-être un cornas, un crozes-hermitage.

■ Une belle bouteille

Médocs : Château La Cardonne, Château La Tour de By, Château Tour Haut-Caussan • Listrac : Château Mayne-Lalande • Fronsac : Château Dalem • Canon-fronsac : Château Grand-Renouil (et Château du Pavillon).

Épaule d'agneau farcie

Cette préparation, parfois dite « à l'albigeoise », fait intervenir de la chair à saucisse, du foie de porc (en principe), parfois du jambon. Graisse d'oie, pommes de terre et ail ont normalement leur mot à dire. À la sortie de la cocotte, rencontre possible avec un vin d'une certaine puissance, un peu décapant. Un cahors et même un madiran sont à leur place si le viticulteur n'en a pas trop exagéré la typicité.

■ Rouge

La plupart des bordeaux de toutes appellations évoquées précédemment • Bergerac • Côtes-du-marmandais • Cahors • Madiran • Irouléguy.

■ Une belle bouteille

Si le porc est bien présent, si la graisse se fait sentir... Cahors : Château du Cèdre, Château Gautoul • Madirans : Domaine Bertoumieu, Château Barrejat • Irouléguy : Domaine Arretxea, Domaine Abotia, Domaine Brana.

Poitrine d'agneau farcie

Recette à variantes, concernant aussi le mouton. La poitrine, dont l'intérieur a été enduit d'ail, reçoit une farce à base de mie de pain trempée dans le lait, d'œufs battus, de jambon, de champignons. Une tombée de vin blanc sec, de la fondue de tomate fleurant bon l'ail... Rouge obligatoirement, du Sud-Ouest, du Rhône ou du Languedoc-Roussillon.

■ Rouge

Médoc • Haut-médoc • Listrac • Moulis • Pauillac • Saint-émilion • Pomerol • Fronsac • Graves • Bergerac • Côtes-du-marmandais • Cahors • Madiran • Côtes-du-rhône villages • Gigondas • Côtes-du-ventoux • Vacqueyras • Lirac • Coteaux-du-languedoc • Faugères • Fitou • Minervois • Côtes-du-roussillon villages.

Sauté d'agneau chasseur

De bons morceaux d'épaule simplement mijotés, avec échalotes, sauce tomate et bouquet garni. Des champignons émincés en renfort, selon l'usage « chasseur ». Même lignes directrices, pour les AOC, que précédemment, en pensant bien aux vins méridionaux amis du gibier, à condition qu'ils soient jeunes, pas trop puissants.

■ Rouge

Pratiquement les mêmes que ceux de la notice précédente • Crozes-hermitage • Cornas • Saint-joseph • Châteauneuf-du-pape si le plat est assez fort en goût.

Gigot rôti

La cuisse arrière de l'agneau, faite pour être piquée d'ail (rituellement entre l'os et la « souris »), nécessite une cuisson vive bien surveillée, puisque le cœur doit rester à peine cuit. Le gigot dit « à la boulangère » passe au four avec pommes de terre et oignons, un accompagnement qui s'imprègne délectablement du jus de cuisson. Toujours les vins classiques de l'agneau.

■ Rouge

La plupart des bordeaux élégants • Côte-rôtie • Cornas • Saint-joseph (pas trop ferme) • Côtes-du-rhône-villages • Faugères • Minervois • Corbières • Fitou • Béarn • Irouléguy.

■ Une belle bouteille

Haut-médoc : Château Sociando-Mallet, Château de Camensac • Moulis : Château Chasse-Spleen, Château Maucaillou • Saint-émilion : Château Grand-Pontet • Fronsac : Château Fontenil.

Gigot de sept heures

Archicuit dans la daubière ou la braisière bien closes, après avoir été lardé, ce gigot toute succulence se tranche mieux à la cuiller qu'au couteau. La plupart des bordeaux sont à leur place, des accords rhodaniens sont à tenter, avec des vins ne s'imposant pas trop.

■ Rouge

Saint-émilion • Côtes-de-castillon • Pomerol • Fronsac • Côtes-de-bourg • Côtes-du-rhône villages • Gigondas et vacqueyras de puissance modérée • Coteaux-du-tricastin.

Gigot aux flageolets

Un classique du grand repas de famille. Les flageolets, qui sont ajoutés déjà cuits dans la cocotte, pour s'y gorger de jus parfumé jusqu'au moment de servir, sont de très bons amis du vin. Notamment des bordeaux sages, des médocs de qualité, des saint-émilion, pomerols et consorts.

■ Rouge

Médoc • Haut-médoc • Listrac • Moulis • Pauillac • Saint-émilion • Pomerol • Fronsac • Canon-fronsac • Côtes-de-bourg • Bergerac • Côtes-du-marmandais • Chinon • Bourgueil.

Gigot bouilli à l'anglaise

Plus aromatisé qu'on le croit, un peu déconcertant car servi avec des légumes également bouillis et une sauce à la menthe. Un bordeaux calme, ou un vin d'assez forte rusticité, en contraste.

■ Rouge

La plupart des bordeaux cités dans ce chapitre, en les choisissant plus aimables que corsés. Chinon • Madiran à la jeunesse

souple, pas trop typé, fruité (se méfier de l'âpreté venant du cépage tannat, même si l'on cherche un contraste vin/mets).

Gigot froid

Pas de problème avec le gigot. Mais les salades bien assaisonnées et la mayonnaise ne font pas très bon ménage avec le vin.

■ Rouge

Bordeaux • Médoc • Graves • Bourgogne-passe-tout-grain • Côtes-de-provence.

■ Rosé

Bordeaux clairet • Patrimonio • Vin de Corse Calvi.

■ Blanc

Préférable si l'on se ressert de mayonnaise. Entre-deux-mers • Alsace pinot blanc.

Mouton

L'agneau devient officiellement mouton à 300 jours. Et répond alors moins aux appétits actuels : la saveur de la chair ferme et dense, rouge sombre, est forte, accaparante (il faut que le pochage, la marinade ou les rôtissages en plein air fassent passer le goût du suint). Seules les très longues cuissons font maintenant admettre cette viande tombant en désuétude après avoir été essentielle, viande plus appréciée dans les pays méditerranéens qu'en France.

Halicot de mouton

On dit parfois « haricot de mouton », bien que la recette classique ne comporte pas de haricots. Il s'agit d'un ragoût, mêlant de gros morceaux de collier ou de poitrine, des petits navets, des pommes de terre et des oignons. Les haricots n'étant pas proscrits ! Le vin pourra être solide, voire rustique.

■ Rouge

Servi assez frais. Bordeaux • Médoc • Bergerac • Cahors • Madiran • Coteaux-d'aix • Les baux-de-provence • Côtes-de-provence.

Navarin

L'on propose de plus en plus le navarin d'agneau, mais il s'agissait traditionnellement d'un ragoût de mouton (épaule, collet, poitrine), accommodé avec des pommes de terre, voire d'autres légumes, notamment les légumes nouveaux du printemps. Même combat que pour le halicot, et pour tous les ragoûts de mouton : le vin doit tenir.

■ Rouge

Voir notice précédente. Chinon • Touraine • Cheverny • Vins de la côte de Beaune.

Pieds de mouton à la poulette

Des pieds échaudés, désossés, encore ébouillantés, passés par la sauteuse, lentement cuits à petite ébullition, rejoints par des champignons et la douce sauce poulette. Un plat rustique, mais onctueux, adouci par les jaunes d'œufs et la crème fraîche. Soit un vin blanc sec et aimable, soit un rouge pimpant et fruité.

■ Blanc

Sancerre • Pouilly-fumé • Reuilly • Quincy • Coteaux-du-giennois • Haut-poitou.

■ Rouge

Chinon • Bourgueil • Saint-nicolas-de-bourgueil • Beaujolais • Beaujolais villages • Saint-pourçain • Côte roannaise.

Pieds-paquets

Pieds de mouton et panse, ail, vin blanc et tomate : un régal marseillais, l'une des grandes, mais simples, spécialités de la France du soleil. On a tout à gagner au régionalisme : vins de la vallée du Rhône méridionale et de Provence s'invitent à table sans façon, et font merveille (le palette est sans doute trop racé... mais quelle plaisir ce serait de rencontrer un Château Simone !). Les blancs, rosés et rouges souriant aux pieds-paquets sont heureux avec les tripes, parfois sautées, que la Provence accommode au vin blanc et à l'ail.

■ Rouge

Servi frais. Gigondas • Coteaux-d'aix • Les baux-de-provence • Côtes-de-provence.

■ Rosé

Palette • Coteaux-d'aix • Côtes-de-provence.

■ Blanc

Palette • Coteaux-d'aix • Côtes-de-provence • Cassis.

■ Une belle bouteille

La dégustation ne sera pas faite dans les meilleures conditions... mais de beaux pieds-paquets donnent envie d'un bon vin, évidemment servi frais.
Cassis blanc : Clos Sainte-Magdeleine et (rosé, blanc) Domaine La Ferme-Blanche • Coteaux-d'aix rouge, rosé ou blanc : Château Calissanne • Côtes-de-provence rouge, rosé ou blanc : Domaine Gavoty, Château Sainte-Roseline • Bandol rouge : Château Vannières.

■ Pourquoi pas ?

Philippe Bourguignon, grand sommelier et auteur de *L'Accord parfait*, écrit que l'association des pieds-paquets avec un châteauneuf-du-pape opulent, ayant vieilli une dizaine d'années, « vaut le détour ».

Tripous

L'Auvergne et le Rouergue aiment aussi les tripes du mouton : les abats ficelés en petits paquets mijotent avec une bonne dose d'aromates. Ils s'associent délicieusement avec l'aligot avivé par l'ail.

■ Rouge

Côtes-d'auvergne • Châteaugay • Saint-pourçain • Côtes-du-forez • Lirac • Corbières • Cahors • Madiran.

■ Rosé

Saint-pourçain • Côte-roannaise • Costières-de-nîmes.

■ Blanc

Pour se désaltérer, mais il faut que le vin tienne... Saint-véran • Beaujolais • Entraygues.

■ Une belle bouteille

Châteaugay : Pierre Lapouge • Saint-pourçain : Union des Vignerons de Saint-Pourçain • Entraygues blanc : Jean-Marc Viguier.

CHEVREAU

Le chevreau, souvent appelé cabri, est sacrifié à l'âge de 2 ou 3 mois, de Pâques à la mi-juin environ. Sa viande fine, pas très forte en saveur, évoque celle de l'agneau de lait. Elle est surtout appréciée en Corse, où on la cuit et agrémente particulièrement bien.

CABRI RÔTI, SAUTÉ

Délicieux... quand le plat est bien aromatisé, la viande pouvant se révéler un peu fade. Vin blanc, échalotes, ail, thym, romarin et poivre du moulin sont là pour cela. Un médoc ou un vin de Provence iraient, mais c'est le moment de faire la fête aux vins corses, parfois remarquables, insuffisamment connus.

■ Rouge

Médoc • Haut-médoc • Coteaux-d'aix • Les baux-de-provence • Bandol (jeune) • Vins de Corse • Patrimonio.

■ Rosé

Les mêmes appellations corses.

■ Une belle bouteille

Patrimonio rouge et rosé : Domaine Antoine Arena (le très bon blanc passerait, mais ne serait pas favorisé par le plat) • Vins de Corse calvi rosés : Clos Landry, Clos Culombu • Vin de Corse porto-vecchio rouge et rosé : Domaine de Torraccia.

BŒUF

Hampe, persillé, onglet, faux-filet (ou T-bone, selon la découpe américaine), filet, macreuse, paleron, côte et entrecôte, romsteck, bavette, araignée, gîte à la noix, plat de tranche : de l'encolure au postérieur, nous en passons ! Se superposent ensuite les modes de cuisson, la multiplicité des préparations, certaines archiclassiques.
À la grande carte du bœuf, voici le tournedos, encore dédié à Rossini en quelques occasions, le chateaubriand, la côte à l'os, le filet en croûte, le bœuf bourguignon, le bœuf à la mode, le bœuf gros sel, le bœuf Stroganov, l'entrecôte béarnaise, le steak au poivre et le steak tartare, le carpaccio, le hachis Parmentier, la langue à l'écarlate, le gras-double...

Animal de boucherie par excellence, le bœuf tient une place considérable dans l'alimentation française, quoique la consommation de viande rouge fléchisse. De grain plus ou moins fin, de persillé inégalement affirmé, selon la race et l'élevage, il est surtout vanté pour ses morceaux « nobles » ou particulièrement goûteux, tels le filet, le faux-filet, la bavette et la tranche, pour son onglet, pièce recherchée par les amateurs de viande saignante. Des morceaux de qualité permettant des cuissons rapides, mais dont l'emploi systématique banalise la cuisine « bovine ».

Suggérant bien des garnitures et des apprêts, le bœuf est surtout convié à la table française pour ses quartiers arrière (l'avant est souvent vendu à l'exportation). Il fraternise sans excès de nuances avec des rouges plutôt jeunes, parfois corsés, dont le tanin, sans être obligatoirement minimum ou fondu, ne cherche pas noise à la saveur de la viande.

« Costauds », les rosés passent ; mous, ils sont gommés par la rencontre. Les blancs font piètre mine. La rituelle « béarnaise » et la sauce choron, sa cousine agrémentée de purée de tomates, ajoutent un « plus » non négligeable, ainsi que d'autres assaisonnements ; mais la viande simplement grillée ou poêlée s'impose toujours, par son goût, par sa texture ferme et élastique, assez pour que ce soit elle, plus que l'accommodement, qui impose le vin. Sa vigueur est suffisamment affirmée pour que certains vins souples, d'une élégance légère, paraissent par contrecoup absents, alors qu'ils affichent leur courtoise personnalité avec le veau (dont la viande encore blanche ou juste rosée est totalement différente, en règle générale, de celle du bœuf... qu'il aurait pu devenir).

Des rouges d'un certain tempérament et de fruités divers, dont la complexité ne doit pas porter à longue analyse. Quelques rosés. Pas de blancs. Les répétitions se multiplient donc davantage dans ce chapitre, au moins dans sa partie gril/poêle, qu'en d'autres pages du livre, bien que nous introduisions de légères variantes, pour échapper à la monotonie, et fassions alterner tel ou tel vin avec un proche de même caractère – sans chercher de vaines diversités ni l'originalité forcée. L'introduction de l'ouvrage explique l'obligation de redites... très réitérées !

Quand on s'éloigne du bifteck et du steak (mots synonymes), de la côte et du chateaubriand, du gril, du barbecue et de la poêle vite maniée, la gamme des vins s'élargit, bien que l'on reste essentiellement dans les rouges. Maints cépages sont priés de s'exprimer avec finesse pour les rôtis ; on s'intéresse à des millésimes plus anciens, aux nuances. La complexité, sans être à rechercher, n'est pas à fuir en certaines occasions.

Le chinon, le bourgueil et les crus amis du veau font du charme à l'estouffade. Le bourguignon est magnifié par un châteauneuf-du-pape rouge ou un hermitage sinon vieux, du moins âgé d'une dizaine d'années.

Le pot-au-feu apprécie la compagnie des beaujolais villages ou de crus généralement amis du bœuf, à la bonne franquette ; il établit des relations tous azimuts, avec un gaillac, un bergerac ou un anjou rouges, par exemple, et ne prend pas forcément ses distances face à des blancs d'expressions diverses, mâcons ou graves.

Rien n'interdit de favoriser les blancs secs quand on est amateur de langue à l'écarlate (familière aussi des rouges), de tripes et de gras-double, autres cadeaux du bœuf à la cuisine française.

Simples grillades (steaks et autres)

Plus ou moins persillés, voire marbrés – c'est plutôt mieux en l'occurrence –, bien des morceaux se prêtent à la grillade rapidement faite ou à la récréation du barbecue. Filet, entrecôte, tranche, bavette... La viande se révèle telle qu'en elle-même, avec, parfois, un petit goût de brûlé plaisant (s'il est léger, superficiel, seulement lié à la surcuisson extérieure de la viande, bien saisie et restant moelleuse à cœur).

Les partenaires sont nombreux parmi les rouges aux arômes plutôt primaires, encore proches du cépage. Il s'agit de vins éventuellement rustiques, à servir frais, surtout aux beaux jours. Agréablement passe-partout, quoique pas timides, éventuellement un peu fermes : ils devront vraisemblablement tenir sur tout le repas. Ne pas fuir les tanins s'ils sont ronds, ou, du moins, peu offensifs. Un vin expressif sera heureux si l'on force, sans vulgarité cependant, sur les brindilles de thym et les « herbes de Provence ».

■ Rouge

Côtes-du-rhône villages • Côtes-du-ventoux • Lirac • Côteaux-du-languedoc • Faugères • Fitou • Minervois • Saint-chinian • Côtes-du-roussillon villages • Collioure • Fronton (marqué par le cépage négrette) • Gaillac • Côtes-de-saint-mont • Bergerac • Bordeaux supérieur • Fronsac • Canon-fronsac • Côtes-de-blaye • Côtes-de-bourg • Médoc • Moulis • Listrac • Touraine (pinot noir ou gamay) • Sancerre • Saint-pourçain • Alsace pinot noir • Bourgogne Irancy • Marsannay • Santenay • Ladoix • Mâcon • Beaujolais villages • Brouilly • Chénas • Morgon.

■ Rosé

Tavel • Bandol • Collioure.

■ Une belle bouteille

Lirac : Domaine de la Mordorée • Faugères : Château des Estanilles • Côtes-du-roussillon villages : Les Maîtres vignerons de Tautavel • Collioure rosé : Le Clos de Paulille • Bandol rosé : Domaine de La Laidière • Côtes-de-saint-mont : Plaimont producteurs • Sancerre rosé et rouge : Domaine Guy Saget • Beaujolais villages, chénas, morgon, moulin-à-vent : Georges Dubœuf, Dominique Piron, Hubert Lapierre.

Côte de bœuf ou entrecôte grillée ou poêlée

Une belle pièce mérite un bon vin, un beau vin, quand la viande est excellente et très bien cuite. Pencher vers un rouge solidement charpenté, corsé, voire d'une franche vigueur.

■ Rouge
Médoc • Haut-médoc • Saint-julien • Saint-estèphe • Graves • Pessac-léognan • Cahors • Gevrey-chambertin • Hermitage • Côtes-du-rhône villages • Collioure.

■ Rosé
Pas à rechercher, mais à la rigueur, et seulement s'il a réellement du corps. Un tavel charnu, par exemple.

■ Une belle bouteille
Haut-médoc : Château Coufran • Saint-estèphe : Château Meyney • Cahors : Château Lagrezette • Côtes-du-rhône villages : Domaine Cazes.

Chateaubriand simplement grillé

Si possible taillée dans cette pièce de choix qu'est le filet, une tranche assez épaisse, tendre, qui ne résiste ni au couteau ni à la mastication et n'impose pas de saveurs fortes. La cuisson compte beaucoup, le gril permettant mieux que la poêle de laisser l'intérieur bleu (ce qui n'arrange pas trop le vin) ou rosé. Choisir de bons rouges sans forte astringence, de ceux qui ne se laissent pas facilement éclipser.

■ Rouge
Voir rubrique précédente (privilégier les appellations dont on peut se procurer, sinon les grandes bouteilles, du moins les vins les plus élégamment robustes ; se méfier des médocs à la jeunesse très tannique).
Saint-émilion • Pomerol • Graves • Gevrey-chambertin • Nuits-saint-georges.

■ Une belle bouteille
Médoc : Château La Tour de By • Haut-médoc : Château Verdignan • Graves : Château d'Ardennes.

Chateaubriand vert-pré

Le beurre maître d'hôtel s'impose, travaillé à la spatule avec du persil ciselé, un filet de jus de citron et du poivre tout juste tombé du moulin. Les pommes château, tournées de façon particulière, sont généralement présentes. Toujours des rouges, de qualité, dont l'âge peut différer sensiblement selon l'origine (les bordeaux étant choisis plus évolués).

■ Rouge
Voir rubriques précédentes. La sauce et les pommes de terre favorisent la rencontre de la viande avec des bourgognes assez jeunes, de dégustation facile, éventuellement « hauts de gamme ». Les premiers crus précédemment cités, mais tout aussi bien un morey-saint-denis ou un chambolle-musigny. Rien n'interdit d'aller du côté des chambertins et des vosne-romanée, mais l'enjeu n'en vaut guère la chandelle.

Chateaubriand sauce béarnaise

Fréquemment proposée avec diverses viandes grillées et escorte habituelle du chateaubriand, la béarnaise émulsionnée à base de jaune d'œuf est marquée par le vinaigre et l'estragon haché. Les pommes château, rarement hors jeu au restaurant, jouent un rôle modérateur quand elle s'impose trop (on abuse facilement de cette médiocre partenaire du vin, qui tapisse parfois trop la bouche). Les rouges, jamais vieux, d'une certaine fraîcheur, doivent faire chatoyer leur fruité sans qu'explosent arômes et saveurs. Les médocs jeunes, dont le tanin s'arrange de la fermeté et du côté « bouchée avalée sans réfléchir » d'une grillade commune, risquent de brutaliser la viande et, surtout, de se cogner à la sauce ; ces quasi-béarnais que sont les madirans ne copinent pas facilement avec la béarnaise... Les bons rosés ont le droit d'entrer en scène.

■ Rouge

La plupart des AOC des notices précédentes, en se méfiant des vins corsés et des tanins austères • Côtes-du-ventoux • Côteaux-du-languedoc • Côtes-du-roussillon villages • Bergerac • Bordeaux supérieur • Côtes-de-blaye • Côtes-de-bourg • Médocs et graves aux tanins fondus • Sancerre • Saint-pourçain • Marsannay • Santenay • Ladoix • Mâcon • Beaujolais villages • Brouilly • Chénas • Morgon.

■ Rosé

Tavel • Lirac • Bandol • Collioure • Arbois.

■ Une belle bouteille

Bergerac : Château Tour des Gendres • Premières-côtes-de-blaye : Château Bertinerie • Côtes-de-bourg : Château Roc de Cambes • Tavel : Château d'Aquéria.

Tournedos grillé, poêlé

Un peu moins épais, ce serait le clone aminci du chateaubriand si la tranche de viande n'était entourée d'un ruban de lard ficelé, qui lui donne sa forme arrondie. On trouve un peu plus de gras (pas tellement plus au gril), la cuisson témoigne davantage d'uniformité, notamment si le tournedos est poêlé, l'intérieur contrastant moins avec la partie externe... Il n'y a rien là qui oblige à des choix différents.

■ Rouge

La plupart des AOC des notices précédentes, sans viser trop haut. Bourgogne • Beaune • Morgon • Bordeaux supérieur • Médoc.

Les sauces et garnitures du tournedos sont variées. Présenté avec une sauce béarnaise, le tournedos a droit aux mêmes vins que le chateaubriand ainsi servi, mais on peut être moins ambitieux.

Tournedos Rossini

Rossini aimait le foie gras et la truffe. La petite histoire veut que le compositeur du *Barbier de Séville*, qui se fixa à Paris, ait indiqué la recette du tournedos sauté gardant son nom au chef du Café Anglais. Foie gras et truffes, donc, et déglaçage au madère...

Un vin rond, très merlot, type pomerol. Peut-être une grande bouteille, si l'on n'est pas découragé par un apprêt que l'on peut estimer écœurant.

■ Rouge

Pomerol • Saint-émilion • Lalande-de-pomerol • Fronsac • Canon-fronsac • Graves et pessac-léognan vieillis • Madiran d'un âge certain • Cahors assez gras.

Onglet à l'échalote

Des fibres longues, une viande tendre, mais assez forte en goût. Meilleur saignant, qu'il soit grillé ou poêlé, l'onglet servi avec un hachis d'échalote emplit la bouche et demande un vin ayant du répondant, quels que soient le ou les cépages d'origine.

■ Rouge

Sancerre • Nuits-saint-georges • Beaujolais villages • Morgon • Cornas • Saint-joseph • Côte-rôtie • Crozes-hermitage • Corbières • Côtes-du-roussillon villages.

■ Une belle bouteille

Sancerre rouge : La Moussière-Domaine Alphonse Mellot • Morgon : Domaine Louis-Claude Desvignes • Corbières rouge tradition : Château Pech Latt.

Bavette grillée

Juteuse, franchement tendre souvent, parfois élastique (elle peut être tranchée dans des morceaux différents), la bavette demande les mêmes bouteilles que la majorité des bons steaks. Inutile d'aller chercher les grands crus, encore moins de vieux millésimes ! La présence d'une sauce choron ne favorise pas le vin. Quant à l'échalote, elle pose les mêmes problèmes qu'avec l'onglet.

■ Rouge

Puiser, en tête de chapitre, dans toute la notice « Simples grillades (steaks et autres) », p. 84.

Côtes-du-rhône villages • Gigondas • Faugères • Côtes-du-roussillon villages • Collioure • Bordeaux supérieur • Fronsac • Côtes-de-blaye • Côtes-de-bourg • Médoc • Touraine • Sancerre • Saint-pourçain • Alsace-pinot noir • Bourgogne irancy • Bourgogne côte chalonnaise • Mâcon • Beaujolais villages.

Brochettes de bœuf

Pourquoi pas ? Les brochettes de filet de bœuf seront plus goûteuses si la viande a mariné, si champignons, oignons, tomates-cerises et lardons alternent correctement sur les grosses aiguilles présentées aux braises. De bons vins rustiques, servis frais, conviennent alors. Mais un banal coup de rouge suffit largement quand les morceaux de viande sont à demi calcinées, accompagnés d'oignon brûlé et de tomate pas assez cuite, comme c'est souvent le cas.

■ Rouge

Voir Simples grillades (steaks et autres), p. 84.

Steak au poivre

Inévitable, incontournable. Parfois médiocre, mais délicieux quand le filet est bien tranché et le cognac convenable, quand le poivre concassé chante fort (le poivre vert est aussi de mise), quand la crème est épaisse, légèrement acidulée. Un vin d'une certaine ampleur, jeune ou dans la force de l'âge, chaleureux. On hésite entre diverses tonalités, le choix est vaste. La sauce pourrait pousser vers un beau vin sec tendre, notamment un enfant du chenin, mais il se heurterait péniblement à la viande.

■ Rouge

Côtes-du-rhône villages • Gigondas • Côtes-du-ventoux • Faugères • Collioure • Anjou villages bien fait et dense • Saumur-champigny • Chinon • Bourgueil.

■ Une belle bouteille

Côtes-du-rhône villages : Domaine de Cabasse • Saumur-champigny : Château de Villeneuve • Chinon : Logis de la Bouchardière.

Filet de bœuf rôti

Lardé, paré, ficelé, le filet doit être bien saisi, afin de ne pas perdre son jus. Puis juste cuit. Cette belle pièce, qui gagne à être accompagnée d'une sauce corsée, peut susciter diverses préparations, certaines assez sophistiquées, mais quelques vins font quasiment l'unanimité en Bordelais et en Bourgogne.

■ Rouge

Gevrey-chambertin • Nuits-saint-georges • Morey-saint-denis • Beaune rouge • Chorey-lès-beaune • Santenay • Saint-romain • Monthélie • Les meilleurs mâcons • Saint-émilion • Pomerol • Lalande-de-pomerol • Fronsac • Canon-fronsac • Graves • Médoc • Haut-médoc • Moulis • Listrac.

■ Pourquoi pas ?

Un grand côte-de-nuits : vosne-romanée, chambertin, bonne-mares... (Pour éviter au vin de petites, mais inutiles vexations, on donnera au filet un accompagnement simple, rien ne valant les pommes de terre !).

ROSBIF AU FOUR

Bardé et ficelé par le boucher, le rôti classique des bons déjeuners du dimanche... La viande, qui doit se révéler un peu ferme, provient souvent de tranche grasse, de rond de gîte, de gîte à la noix, mais les rosbifs aristocratiques peuvent être taillés dans le filet, le faux-filet ou le romsteck. Rien de préférable à la purée en accompagnement : elle s'assortit en douceur à la viande dont elle absorbe le jus à plaisir, elle permet la dégustation d'un beau vin, ne s'oppose à aucune appellation. On choisira fatalement une bouteille pouvant aller avec le filet de bœuf rôti évoqué précédemment, puisqu'il en va pratiquement du pareil au même. .

■ Rouge

Voir Filet de bœuf rôti, ci-contre. Bandol • Cahors et madiran pas trop robustes.

ROSBIF FROID

Avec une salade, dont la vinaigrette ne pousse pas à dégustation très affinée, l'un des plats classiques de l'été. Soit un rouge pas complexe, voire un peu rustique (cela n'est pas péjoratif !), servi frais, soit un bon rosé, de préférence assez corsé.

■ Rouge

Alsace pinot noir • Bourgogne irancy • Sancerre • Saumur-champigny • Bordeaux supérieur.

■ Rosé

Bordeaux clairet • Irouléguy • Corbières • Marsannay.

BŒUF STROGANOV

Vivement sautées, agrémentées de paprika, nappées de crème, les minces tranches de filet, de contre-filet ou de romsteck sont servies avec des champignons sautés, du riz pilaf. Le tout peut être plus ou moins relevé, ce qui élargit la gamme des vins élus. Plus de poivre, plus de paprika, un peu de moutarde, et nous irions du pinot d'Alsace et du sancerre au côte-rôtie, au saint-joseph, peut-être à l'hermitage. Il n'est guère d'usage de proposer un blanc, mais nous acceptons volontiers un alsace pinot gris équilibré, et ne rejetons pas un gewurztraminer restant sur sa réserve.

■ Rouge

Sancerre • Alsace pinot noir • Côte-rôtie • Cornas • Saint-joseph • Hermitage (mais une très belle bouteille ne serait pas valorisée) • Chinon.

■ Pourquoi pas ?

Un alsace pinot gris, un gewurztraminer sage, un saumur blanc tel le Château de Villeneuve.

Bœuf mode

Plat dont on se ressert, meilleur réchauffé... quand il en reste, le bœuf mode, plus exactement : « à la mode », est onctueux, d'une succulence légèrement grasse. Classiquement réalisé avec de la culotte de bœuf ou « aiguillette de romsteck » (la macreuse et le paleron désossé ont aussi droit de cocotte), il doit beaucoup au lard gras et au pied de veau, toujours parties prenantes quelles qu'en soient les variantes de la recette, aux carottes, aux oignons.

Le vin utilisé lors de la préparation, rouge ou blanc, doit être correct, mais ne marque pas suffisamment le plat pour que son choix, dans telle ou telle AOC, soit déterminant lors de l'élection de la bouteille qui sera sur table. Une bonne bouteille, d'un vin pas trop complexe. Nous allons vers un bourgogne, un côte-de-nuits en priorité (théoriquement, car les nuances de l'accord ne sont pas guère différentes avec un côte-de-beaune de même année et de qualité comparable !), assez frais dans son épanouissement. On trouve cependant son bonheur en d'autres régions, principalement dans le Bordelais et dans le Val de Loire. Voire dans l'univers rhodanien, sans aller jusqu'à l'hermitage, en évitant les vins séveux trop chaleureux. Les madirans traditionnels et les vins dominés par le tannat ne trouvent pas assez de gras à râper sur les papilles pour que le contact soit heureux. Les rosés, tolérables, ne sont à l'aise qu'avec le plat froid.

■ Rouge

Marsannay • Fixin • Divers vins de la côte de Nuits (chercher la plénitude, sans aller jusqu'aux grands crus). Nuits-saint-georges • Beaune • Divers vins de la côte de Beaune (là encore, inutile de focaliser sur les grands) • Mercurey • Givry • Rully • Beaujolais et beaujolais villages fermes, structurés • Côtes-du-rhône villages • Pomerol • Lalande-de-pomerol • Fronsac • Saint-émilion • Médoc • Haut-médoc • Graves • Bourgueil de bonne charpente • Anjou villages à forte personnalité.

■ Une belle bouteille

Mercurey : Domaine du Meix-Foulot • Côtes-du-rhône : E. Guigal • Saumur-champigny : Château du Hureau • Anjou villages : Domaine de Montgilet.

Bœuf mode en gelée

Un régal, mais l'abus des petits oignons et des cornichons trop complaisamment proposés en accompagnement ne vaut rien au vin... Boire une gorgée d'eau ou mastiquer un peu de viande avant de reprendre son verre quand le vinaigre s'est fortement imposé au palais.

■ Rouge

Servir frais. Alsace pinot noir • Bourgogne irancy • Sancerre • Bordeaux supérieur • Côtes-de-bergerac.

■ Rosé

Bordeaux clairet • Bergerac • Irouléguy • Corbières • Tavel • Lirac • Patrimonio.

Bœuf bourguignon

Grand classique du bœuf cuisiné : de gros cubes de viande à braiser, des oignons, des lardons – et la magie d'une longue cuisson à couvert... La tradition, cela va avec l'intitulé de la recette, exige que la préparation soit mouillée d'une rasade généreuse de bourgogne (un bon vin suffit, un grand cru n'apporterait guère plus). Mais bien des appellations font l'affaire !

L'usage, même rengaine que pour le coq au vin, veut que l'on préconise à table le vin utilisé lors de la préparation, que les meilleurs goûteurs ne parviennent pas à identifier, après près de 2 h 30 de cocotte. Nos préférences, en tout conformisme, vont vers la côte-de-nuits, avec des vins vieux de cinq ou six ans, mais tous les bourgognes sont à l'aise avec le bourguignon qui a la coquetterie d'accepter d'autres AOC. L'on demandera simplement au vin d'avoir de la personnalité, de ne pas se disperser en arômes primaires trop fringants, de ne pas être en fin de course (un vieux bourgogne approchant du déclin terminerait mal sa carrière).

■ Rouge

Prioritairement les bourgognes, mais sans exclusivité. Nuits-saint-georges • Gevrey-chambertin • Beaune • Santenay • Ladoix • Saint-romain • Rully • Côtes-du-rhône et côtes-du-rhône villages • Gigondas • Côtes-du-ventoux • Lirac • Cahors n'affichant pas trop sa bonne santé, ou un peu vieilli • Côtes-de-duras • Saint-émilion • Pomerol.

■ Une belle bouteille

Nuits-saint-georges : Chauvenet-Chopin • Gevrey-chambertin : Château de Marsannay • Côtes-du-rhône villages rasteau : Domaine la Soumade • Lirac : Domaine de la Mordorée.

Bœuf braisé aux carottes (et autres garnitures de légumes)

Une pointe de culotte de bœuf de préférence, soit bien lardée, soit « foncée » dans une braisière, dûment ficelée, avec de gros rectangles de lard gras. Une très longue cuisson à feu doux avec des rondelles de carottes et d'oignons. À l'arrivée, une généreuse garniture de carottes, traditionnellement, mais elle peut être remplacée par une jardinière de légumes, des petits pois ou de la laitue braisée, si ce n'est par une bonne purée. Un rouge de bonne tenue, aimant se fondre dans le moelleux de la viande. Il ne se vexera pas de l'éventuelle et légère agression de légumes frais.

■ Rouge

Plusieurs côtes-de-nuits (ne pas chercher les sommets des coûteux grands crus) • Nuits-saint-georges • Beaune • Plusieurs côtes-de-beaune (là aussi, grands vins hors compétition) • Mercurey • Givry • Rully • Beaujolais villages • Crus du Beaujolais • Côtes-du-rhône villages • Côtes-de-provence • Les baux-de-provence • Pomerol • Lalande-de-pomerol • Fronsac • Saint-émilion • Médoc • Haut-médoc • Graves • Anjou villages de caractère • Saumur-champigny • Bourgueil • Saint-nicolas-de-bourgueil.

Bœuf en daube

Le mot daube désigne une cuisson à l'étouffée, avec des aromates, mais il dénomme aussi, traditionnellement, une pièce de bœuf braisée au vin (plutôt dans le Midi). On utilise généralement du gîte, qui passe par la marinade et est voué à une interminable cuisson. Tous les amateurs savent que c'est encore meilleur réchauffé le lendemain... Il faut des rouges aimables, sans astringence, séveux. À la rigueur, un très bon rosé affichant quelque corpulence.

■ Rouge

Servi plutôt frais. Côtes-du-rhône villages • Gigondas • Vacqueyras • Coteaux-du-tricastin • Côtes-du-ventoux • Coteaux-du-languedoc • Faugères • Vins de Corse souples.

■ Rosé

Tavel • Patrimonio.

■ Une belle bouteille

Côtes-du-rhône villages : Domaine Sainte-Anne • Gigondas : Domaine Les Goubert • Coteaux-d'Aix : Château Calissane • Patrimonio rouge ou rosé d'Antoine Arena.

Estouffade de bœuf provençale

Du collier de bœuf, par exemple, en principe attendri et parfumé par une sérieuse baignade dans la marinade parfumée au thym. Là encore, une très longue cuisson à petit feu, cette fois de préférence dans une marmite en terre hermétiquement close. Le lard, voire des pieds de porc peuvent venir à la rescousse... Tomates mondées et concassées, olives vertes dénoyautées, en principe blanchies et vites passées à la poêle, quelques olives noires en prime. Le vin rouge de la marinade peut être provençal, si suffisamment corsé, mais on peut rester méditerranéen en allant jusqu'aux Corbières. Servir le même à table ? S'il est bon, mais il ne s'agira que d'une coquetterie... ou d'une facilité. Les choses dépendent quelque peu de l'« assent » du plat, qui peut être rehaussé par une tombée d'huile, plus ou moins fortifié par l'ail, par les condiments de la Provence.

■ Rouge

Les mêmes que pour la daube, également servis frais.
Pour faire bonne mesure (méridionale), on ajoutera quelques autres vins du Sud-Est. Côtes-du-luberon • Les baux-de-provence • Coteaux-d'aix • Côtes-de-provence • Bandol • Minervois • Corbières • Fitou • Côtes-du-roussillon villages • Vin de Corse.
Une estouffade pas trop marquée Provence (ce n'est pas une exclusivité du Midi), s'entendrait avec un chinon.

Carbonade de bœuf flamande

De bonnes tranches de hampe ou de paleron, colorées dans le saindoux, cuites avec des oignons et de la bière. Cette dernière ne marque pas spécialement la préparation, mais on aura la coquetterie de boire une bière du Nord (l'embarras du choix est réel). Plutôt une ambrée, mais qui préfère les blondes de caractère peut leur rester fidèle, en privilégiant l'onctuosité nuancée d'une petite amertume.

■ Bière

Ambrée ample, mais de quelque nervosité • Blonde un peu amère • Brune pas trop épaisse possible • Ch'ti • 3 Monts-brasserie de Saint-Silvestre • Angélus-brasserie Annœulin, Saint-Landelin-Enfants de Gayant • Épi de Facon.

■ Rouge

Côtes-de-nuits et côtes-de-beaune assez jeunes et fruités • Côte-chalonnaise • Crus du beaujolais • Côtes-du-rhône villages • Saumur-champigny • Chinon • Bourgueil • Saint-nicolas-de-bourgueil.

Hochepot de queue de bœuf

Ou queue de bœuf en hochepot... Le pot-au-feu des Flamands, qui sont loin d'accorder l'exclusivité au bœuf, puisque les oreilles et la queue du porc, l'épaule de mouton et le lard salé ont le droit de figurer auprès des « légumes du pot ». Une cuisson en cocotte longuement prolongée à feu doux, une longue finition à four moyen. Ça fond dans la bouche et demande un vin friand, de là ou d'ailleurs...

■ Rouge

Servi frais. Beaujolais • Beaujolais villages • Mondeuse • Saint-pourçain • Touraine • Alsace pinot noir • Saint-nicolas-de-bourgueil • Fronton.

Langue de bœuf à l'écarlate

Classée parmi les abats, la langue suggère de nombreux apprêts.

Dont celui-ci, qui ne relève guère de la préparation à domicile : nous sommes là devant un plat de longue élaboration et de longue cuisson… que l'on préfère de nos jours acheter tout prêt quand on ne s'en régale pas au restaurant. Devant sa dénomination à la couleur vive résultant de l'immersion dans une saumure au salpêtre, la langue à l'écarlate se sert froide, en hors-d'œuvre, en plat d'été, ou chaude, avec des légumes. Bien condimentée, occupant la bouche sans trop donner à réfléchir, la langue à l'écarlate fait plutôt voir rouge, mais tolère le rosé. Elle appelle un vin digeste, aux arômes éventuellement méridionaux, de caractère assez sage.

■ Rouge

Servi frais. Coteaux-du-languedoc • Faugères • Fitou • Minervois • Corbières • Côtes-de-provence • Fronton • Côte roannaise.

■ Rosé

Côtes-de-provence • Costières-de-nîmes • Bergerac • Bordeaux clairet.

Langue de bœuf braisée

Bouillie, bien nettoyée de sa peau blanchâtre, la langue passe par la cocotte, où une bonne tombée de vin blanc la rejoint, puis est longuement cuite au four. Cornichons et câpres viennent à la rescousse. À peu près les mêmes vins que pour la langue à l'écarlate.

■ Rouge

Voir notice précédente. Sancerre • Alsace pinot noir • Morgon • Un très bon bourgogne fruité serait plaisant, mais qui oserait conseiller un nuits-saint-georges avec ce plat si simple ?

Langue de bœuf sauce piquante, sauce vinaigrette

Parmi beaucoup de préparations, sans doute les plus usitées. Servie généralement en plat pratiquement unique d'un repas simple (d'été quand il s'agit de la vinaigrette), la langue ne réclame qu'un vin rustique, gentiment fruité. Pour nous, plutôt un rosé, un petit rouge ne se rebellant pas trop quand il approche du vinaigre. Un blanc, comme « vin de soif » ? Avec prudence, en s'amusant de sa rencontre avec la vinaigrette (il y a risque de petite grimace).

■ Rosé

Sancerre • Saint-pourçain • Alsace pinot noir.

■ Rouge

Beaujolais • Côte-roannaise • Côtes-d'auvergne • Côtes-du-forez.

Blanc

Choisir un vin peu contrariant, frais... qui s'effacera sans doute trop, mais ne se bagarrera pas.
Muscadet léger et parfumé • Entre-deux-mers • Picpoul-de-pinet.

Carpaccio

De très fines tranches de faux-filet, servies froides (et crues), avec de la mayonnaise... Un peu de sauce Worcesterhire, une tombée de jus de citron... C'est bon, mais quel vin conseiller ? Un chianti, un valpolicella, pour rappeler les origines italiennes du plat ? On peut s'en tenir sagement à un rosé. Peut-être à un rouge aux arômes méridionaux, servi frais. Mais on ne se précipitera pas sur son verre le goût de la mayonnaise encore bien en bouche.

Rosé

Tavel • Lirac • Côtes-de-provence puissant • Bandol • Patrimonio • Vin de Corse calvi • Corbières • Bordeaux clairet.

Rouge

Coteaux-du-tricastin • Costières-de-nîmes • Coteaux-du-languedoc.

Steak tartare

Viande crue (romsteck, contre-filet, aiguillette baronne, tranche grasse), jaune d'œuf, oignon haché, câpres, condiments divers, ketchup, sauce Worcestshire... À peu près les mêmes vins que le carpaccio, mais aussi certains rouges du Val-de-Loire et du Bordelais.

Rouge

Voir notice précédente. Saumur-champigny • Saint-nicolas-de-bourgueil • Bordeaux supérieur • Corbières.

Rosé

Voir notice précédente.

Une belle bouteille

L'accommodement du tartare ne permet pas la dégustation... mais un tartare bien fait donne envie d'un verre de bon vin.
Saumur-champigny : Domaine Filliatreau (mais garder les Vieilles Vignes de ce domaine pour d'autres occasions) • Bordeaux : La Réserve Château Bonnet • Côtes-d'auvergne boudes : André Charmensat • Corbières : Jardin de Frédéric, Château Prieuré Borde-Rouge.

Fondue bourguignonne

Gare à l'huile bouillante ! Emplissant un caquelon, elle sert à la cuisson vite-fait de petits morceaux de bœuf très frais piqués au bout d'une longue fourchette. Mieux valent le filet, le faux-filet ou le romsteck... mais le traitement brutal et hypercalorique que subit la viande ne lui permet guère de s'exprimer. Elle est, de surcroît, trempée par les convives dans divers sauces (mayonnaise, béarnaise, tomate, aïoli, etc.), pas loin des bocaux de petits oignons ou de cornichons... Le vin ne s'en remet pas mieux que la viande : mieux vaut qu'il soit assez fruité, et servi très frais.

■ Rouge

Beaujolais • Côtes-du-rhône • Côtes-d'auvergne • Touraine gamay.

Tripes à la mode de Caen

Laissant le mouton au Centre et au Midi, les régions de l'Ouest privilégient les tripes de bœuf. Les préparations sont multiples, mais l'apprêt « à la mode de Caen » a conquis une durable célébrité. La recette est sujette à fortes variantes, mais il y a fatalement fraternisation avec pied de veau et carottes. Le cidre devrait toujours être versé copieusement dans la tripière ou la cocotte avant son interminable passage au four (les puristes réclament un four de boulanger !), mais le vin blanc sec est fréquemment prôné. D'abord garnir le fond de la tripière de pommes de reinette en quartier, comme le veut Michel Bruneau, meilleur cuisinier de Caen ? Tout est bien qui permet ensuite de préconiser le cidre, du Calvados, de la Manche ou de l'Orne. Un cidre franchement brut, qui devra pétiller légèrement pour mieux décaper la bouche du gras doucement insistant des tripes, ou être carrément « bouché ». Il faut cependant avouer qu'un vin blanc sec et vif a de l'agrément.

■ Cidre

Assez fort en alcool, éventuellement bouché. Un cidre de Normandie, normalement, mais la Bretagne et le lointain pays d'Othe sont également bons fournisseurs. Le cidre bouché désaltère et s'amuse du gras de la préparation.

■ Pourquoi pas ?

Un bon poiré passe aussi bien que le cidre.

■ Blanc

Muscadet • Jasnières • Petit-chablis • Pouilly-fumé.

■ Rouge

Peu mis en valeur par le plat, obligatoirement servi frais. Anjou • Saumur-champigny • Peut-être un corbières souple.

Gras-double à la lyonnaise

Faite de morceaux de panse de bœuf échaudés, cette préparation tripière suggère autant de variantes que les tripes : chaque région a sa recette. L'essentiel demeure que le gras-double soit bien relevé ! La méthode lyonnaise veut que le gras-double détaillé en minces lanières passe vivement par la poêle, avec beurre ou saindoux, et soit bien rissolé. Un bon filet de vinaigre, pour le déglaçage... Pour répondre à ce plat costaud, bien assaisonné, on hésitera entre un blanc désaltérant ne se laissant pas trop écraser, quelque rouge primeur, si c'est l'époque, ou un aimable gamay.

■ Blanc

Pas interdit, mais le plat l'emportera : inutile de chercher une grande bouteille. Petit-chablis • Mâcon • Saint-véran • Alsace pinot blanc.

■ Rouge

Vin nouveau en fin d'année (beaujolais, côtes-du-rhône, touraine) • Beaujolais • Beaujolais villages • Morgon • Saint-pourçain • Côte-roannaise • Sancerre.

■ Une belle bouteille

Saint-pourçain : Union des Vignerons de Saint-Pourçain • Côte-roannaise : Robert Sérol et fils.

Tablier de sapeur

Le gras-double dénommé « nid d'abeilles », en raison de son apparence alvéolaire, est taillé en morceaux enduits d'œuf battu, panés, puis grillés ou poêlés. Un régal lyonnais, qui se déguste très chaud, avec un beurre d'escargot, une sauce tartare ou une gribiche.

■ Blanc

Voir notice précédente.

■ Rouge

Là aussi des vins primeur, quand c'est l'époque • Beaujolais • Beaujolais villages • Morgon, juliénas et autres crus du Beaujolais • Saint-pourçain • Côte-roannaise • Touraine.

VEAU

Le veau, malgré son prix relativement élevé, appartient au quotidien, sous différentes formes. Il est en effet à la base de bien des recettes, avec des morceaux et des apprêts divers, avec des accompagnements pouvant jouer un rôle déterminant. Blanquette et rôtis, escalopes, abats, bons plats familiaux, recettes minceur... L'on n'ira pas jusqu'à soutenir, comme pour le cochon, que tout est bon dans le veau, mais il y en a pour tous les goûts, dans presque tout l'animal... Et il y en a pour presque tous les vins. Les blancs, statistiquement, ont l'avantage (ils seront généralement choisis d'acidité pas contrariante ou secs-tendres, jamais acerbes ou trop riches en sucre), mais quantité de rouges apportent agréablement au veau le salut de régions et de cépages dissemblables. Pas de verdeur, pas exagérément de sucre, du calme côté tanin : quelle que soit la couleur du vin, le veau pousse à la modération plus qu'à l'exubérance.

CÔTE DE VEAU « EN CASSEROLE »

Épaisse, bien dorée, généralement accompagnée de pommes de terre et d'oignons bien revenus, la côte simplement préparée dans une sauteuse, la cuisson s'achevant au four, s'entend avec les médocs, avec des rouges assez fins pouvant avoir pris de l'âge. Blancs souples très acceptables.

■ Rouge

Médoc • Haut-médoc • Moulis • Listrac • Pauillac • Saint-julien • Saumur-champigny • Bourgueil • Chinon • Éventuellement : côtes-du-rhône villages pas trop ferme • Côtes-du-ventoux • Bandol assez jeune • Bellet.

■ Blanc
Alsace pinot gris • Savennières.

■ Rosé
Peuvent passer s'ils sont à la fois charpentés et délicats. Marsannay • Corbières • Fronton • Côtes-de-provence.

■ Une belle bouteille
Médoc : La Tour de By • Chinons : Domaine Bernard Baudry, Domaine Charles Joguet • Fronton rosé : Château Bellevue la Forêt.

Côte de veau à la crème

De belles côtes premières, la meilleure des crèmes, un vin blanc franchement sec influençant peu, et le sautoir approprié. Cela conduit, sur table, vers un blanc sec tendre, style chenin, ou à un chardonnay d'acidité modérée, ni incisif ni durement boisé, les rouges à la rondeur avenante et aux tanins fins restant néanmoins bienvenus.

■ Blanc
Alsace pinot gris • Anjou • Anjou-coteaux de la Loire • Savennières • Vouvray ou montlouis bien secs • Meursault • Savigny-lès-beaune • Mercurey, rully, givry ou mâcon assez riches.

■ Rouge
Beaujolais villages • Chiroubles • Régnié • Bourgueil • Chinon • Beaune • Savigny-lès-beaune • Santenay • Ladoix.

■ Une belle bouteille
Savennières : Domaine des Baumard • Saumur blanc : Château de Villeneuve • Chiroubles : Domaine Émile Cheysson • Mâcon : Chardonnay de Dominique Piron • Savigny-lès-Beaune blanc : Reine Pédauque.

Côte de veau Foyot

La grosse et généreuse côte de veau que les sénateurs d'antan appréciaient (le restaurant Foyot se situait à l'angle de la rue de Tournon et de la rue de Vaugirard) est marquée par la pâte au gruyère râpé, et le beurre abondamment dispensé. Là encore, plutôt un blanc. Sinon, un rouge pas trop charnu, pas trop tannique.

■ Blanc
Alsace pinot gris • Anjou • Anjou-coteaux de la Loire • Savennières • Vouvray ou montlouis bien secs • Meursault • Mercurey, rully, givry ou mâcon assez riches.

■ Rouge
Beaujolais villages • Chiroubles • Régnié • Bourgueil • Chinon • Beaune • Savigny-lès-beaune • Santenay • Ladoix • Médoc • Peut-être un saint-julien assagi par le vieillissement.

■ Une belle bouteille
Savennières : Domaine des Baumard • Saumur blanc : Château de Villeneuve • Chiroubles : Domaine Émile Cheysson.

Une belle bouteille

Corrézien grand amateur de veau et chef de haute volée, Henri Faugeron conseillerait volontiers le Clos du Marquis, second vin de ce grand saint-julien qu'est Léoville Las Cazes.

Côte ou carré de veau à la provençale

Une cuisson lente, et le rendez-vous provençal avec la tomate, les petits oignons, les olives...

Rouge

Côtes-du-rhône et côtes-du-rhône villages, choisis plutôt légers pour un déjeuner d'été • Gigondas • Vacqueyras • Châteauneuf-du-pape • Coteaux-d'aix • Coteaux-des-baux • Bellet • Patrimonio • Ajaccio • Corbières.

Rosé

Côtes-du-rhône • Coteaux-du-tricastin • Tavel • Lirac • Corbières.

Côte de veau Pojarski

La côte de veau est reconstituée, sa chair mêlée de mie de pain trempée dans du lait et assaisonnée. Un rien de muscade, une tombée de beurre noisette... Encore une fois, nous irons vers un blanc sec tendre ou un rouge relativement léger, d'une soyeuse discrétion.

Blanc

Toujours le val de Loire, de Savennières à Vouvray et Montlouis (voir Côte de veau à la crème et Côte de veau Foyot, p. 99).

Rouge

Haut-médoc • Médoc • Moulis • Margaux • Côtes-de-castillon • Savigny-lès-beaune • Mercurey.

Côte de veau à la normande, ou vallée d'Auge

Des côtes dont la cuisson se prolonge doucement dans la poêle, mieux : dans une sauteuse épaisse. Le rituel flambage au calvados, ou le simple ajout d'un filet de calvados dans l'épaisse crème fraîche. La gentille présence d'oignons grelots et de champignons de Paris. L'usage veut que l'on propose du cidre, pour le régionalisme, mais un enfant du chenin ferait aussi bien l'affaire.

Blanc

L'on en revient, pour l'essentiel, aux vins des notices précédentes ! Anjou • Savennières • Vouvray ou montlouis bien secs.

Pourquoi pas ?

Cidre de Normandie, c'est la moindre des politesses. Brut, éventuellement bouché.

Côte de veau panée « à la milanaise »

Plongées dans l'œuf, puis dans la chapelure, puis sautées à la poêle, les côtes s'entendent à la bonne franquette avec quantité de rouges (ceux qui ne sont ni trop astringents, ni trop puissants, ni exagérément fruités) bon nombre de rosés et de blancs.

Rouge

Anjou villages • Saumur-champigny • Chinon • Bourgueil • Saint-nicolas-de-bourgueil • Beaujolais • Beaujolais villages • Bourgogne irancy • Côtes-de-beaune villages • Bourgogne côte-chalonnaise • Pécharmant • Bordeaux supérieur.

Rosé

Marsannay • Côtes-du-rhône villages • Tavel • Lirac • Palette • Bordeaux clairet.

Escalope de veau à la crème

Généreusement crémée, la sauce dans laquelle s'arrondissent généralement des champignons dissimule souvent une relative sécheresse de la viande (les escalopes minces et aplaties sont fréquemment prélevées dans la noix ou la noix pâtissière, tendre et pas grasse).

La plupart des vins cités dans ce chapitre sont à leur place, l'avantage étant cependant donné aux blancs pas trop nerveux, tendant éventuellement vers le demi-sec, voire le moelleux (surtout si l'ajout d'une pointe de curry donne une légère chaleur exotique à la répétitive préparation familiale). Certains rosés passent bien.

Blanc

Savennières • Anjou • Saumur-champigny • Vouvray et montlouis secs • Alsace pinot gris • Gewurztraminer • Meursault • Rully • Givry • Beaujolais blanc • Arbois chignin • Condrieu • Graves • Côtes-de-duras (sec ou moelleux selon la sauce) • Jurançon sec.

Rosé

Anjou villages • Côtes-du-jura • Arbois.

Rouge

Beaujolais villages • Saint-amour • Fleurie • Coteaux-du-lyonnais.

Une belle bouteille

Alsace pinot gris : J.-B. Adam, Ostertag ou Léon Beyer • Rosé de Loire : Domaine de Montgilet • Saint-Amour : Domaine de la cave Lamartine.

Escalope de veau à la milanaise ou viennoise

Incontournable, la simple milanaise en tête ! Milan ou Vienne, les recettes sont vraiment dissemblables, mais les caractéristiques finales, sur table, s'avèrent assez nettes pour qu'elles fassent notice commune et que l'on recherche les mêmes vins. Comme les côtes de veau, les escalopes milanaises sont enduites d'œuf battu et revêtues de chapelure, puis poêlées au beurre. Les escalopes viennoises, version française du traditionnel *Wiener Schnitzel* (« escalope de Vienne »), sont elles, présentées avec de l'œuf dur haché, du persil frit et des câpres.

La plupart des vins de la rubrique précédente (et ceux qui reviennent avec insistance dans ce chapitre) s'accordent avec ces escalopes si souvent servies, mais on ira de préférence, côté blancs, vers des vins secs et frais, souples ou charnus. En rouge, nous nous dirigerions plutôt vers des vins légers, sans prétention, mais l'éventail se révèle large : seuls passent franchement mal les vins marqués par l'excès de tanin, le boisé trop présent ou une abusive lourdeur alcoolisée.

■ Blanc

Alsace pinot blanc • Mercurey • Mâcon villages • Pouilly-fuissé • Beaujolais blanc • Saint-joseph • Saint-péray.

■ Rosé

Rosé de loire • Alsace pinot noir • Marsannay • Côtes-du-rhône villages • Tavel • Lirac • Vin de pays de Vaucluse • Patrimonio • Vin de Corse.

■ Rouge

Saumur-champigny • Chinon • Bourgueil • Vin de pays du jardin de la France • Sancerre • Alsace pinot noir • Graves • Côtes-du-marmandais • Bordeaux supérieur • Côtes-de-blaye • Côtes-de-bourg • Côtes-de-castillon.

■ Une belle bouteille

Le vin n'est pas spécialement mis en valeur, mais le plat revient trop souvent dans le quotidien des Français pour que l'on se désintéresse du verre. Saint-véran : Domaine des Deux Roches • Bordeaux : Château Bonnet • Côtes-de-bourg : Château Brûlesecaille.

Escalope de veau au citron

Vite préparées, assez vite cuites, les escalopes bien dorées ont droit au rehaut gentiment acide du jus de citron servant au déglaçage. Et au renfort de quelques demi-rondelles de citron, disposées en garniture. Tous les « vins du veau », conviennent, mais on se méfiera cependant du citron, qui en ferait trop avec un blanc incisif et appuierait rudement toute astringence marquée.

■ Blanc
Anjous, vouvrays, montlouis, alsaces pinot gris et autres vins de tonalité sec-tendre évoqués dans beaucoup de rubriques précédentes. Sylvaner • Pinot blanc • Mâcon.

■ Rosé
Ne s'impose pas.

■ Rouge
Si l'on force sur le citron... écarter un instant son verre de l'assiette et boire une gorgée d'eau. Se référer à la rubrique précédente, en choisissant les vins les plus légers et en se méfiant des tanins bordelais.

Paupiettes de veau

Recette à variantes, mais les minces escalopes s'enroulent toujours pour servir d'enveloppe. Dedans ? cela dépend des régions, de l'humeur du chef ou du cordon-bleu, de ce qu'ils ont sous la main : jambon, chair à saucisse, un peu d'œuf dur, peut-être de l'emmenthal, assez souvent des champigons, cela en proportions variables. Il y a presque toujours braisage... et toujours une ficelle à retirer après la cuisson ! La garniture est généralement assez sage pour ne pas compliquer le choix d'un vin sage : riz, purée de pommes de terre, jardinière de légumes, champignons de Paris.

■ Rouge
Anjou • Touraine • Alsace pinot noir • Bordeaux supérieur • Médoc.

■ Rosé
Bordeaux clairet • Marsannay • Côtes-du-rhône.

■ Blanc
Bourgogne aligoté • Mâcon • Alsace pinot blanc • Touraine.

Fricandeau de veau

Le fricandeau (une tranche épaisse de noix de veau) gagne en moelleux d'avoir été piqué de petits dés de lard gras, avant d'avoir emprunté des saveurs aux accompagnements avec lesquels il cuit longuement en cocotte. Les vins amis du veau se mettent à table sans problème si l'accompagnement ne complique pas les choses : il n'y a pas lieu de se « prendre la tête » quand il s'agit d'une jardinière ou de carottes, qu'elles soient Vichy ou à la crème.

■ Rouge
La plupart de ceux qui ont été cités dans les rubriques précédentes. Petit avantage pour le chinon et le bourgueil.

■ Rosé-blanc
Voir rubriques précédentes (ne pas craindre d'aller vers la souplesse, voire le sec-tendre).

Fricandeau de veau à l'oseille, aux épinards

Ni la fondue d'oseille, ni les épinards, souvent compagnons du fricandeau, ne font d'amabilités au vin (les petits pois ne sont guère plus avenants s'ils sont seuls et fraîchement écossés). On peut jouer avec la malignité d'un chinon jeune, répondre à l'acidité des légumes par une vivacité désinvolte, demander plus diplomatiquement au sauvignon d'être arrangeant. Mais nul n'est obligé de boire alors qu'il a encore l'accompagnement en bouche !

■ Rouge

Chinon • Bourgueil.

■ Blanc

Petit-chablis • Peut-être un muscadet, plus vif encore que les épinards... Dans un tout autre registre, et plus raisonnablement sans doute, les sauvignons « de la Loire et du Centre » : sancerre, pouilly-fumé, touraine.

Rôti de veau

La dénomination est très générale, viande et garniture pouvant être assez différentes, de goût, de texture, selon le choix des produits et le talent du chef ou de la cuisinière. Mais, pour d'innombrables familles, il évoque d'emblée le plat œcuménique du repas convivial, du déjeuner du dimanche... Un régal sans surprise, mais rassurant... quand la viande est de qualité et la cuisson juste.

Qu'il provienne de la noix, du quasi, de l'épaule désossée, de la longe ou du carré de côtes désossé, le rôti est « paré », en principe ficelé et bardé. Il doit rendre son jus, d'autant plus savoureux qu'il conserve un rien, voire « un rien trop », de graisse. Ce jus, proposé à part, servira aussi à aromatiser les accompagnements, légumes divers, souvent en jardinière, petits pois, sempiternels haricots verts, blettes, salsifis, topinambours, épinards, oseille, cardons... (Certains de ces accompagnements, épinards et oseille en tête, peuvent contrarier le vin, en raison de leur acidité).

■ Rouge

Ni astringence ni puissance excessive. Médoc (plutôt jeune, mais modérément tannique) • Haut-médoc (même prescription) • Moulis • Pauillac • Pomerol • Saint-julien • Éventuellement saint-émilion et pomerols bien ronds, ainsi que leurs cousins : lalande-de-pomerol, fronsac, côtes-de-castillon ou de bourg • Graves • Chinon • Bourgueil • Saint-nicolas-de-bourgueil • Sancerre • Alsace pinot noir • Volnay jeune • Beaune • Savigny-lès-beaune • Côtes-du-rhône villages pas trop chaleureux • Côtes-de-provence et apparentés.

■ Rosé

Pas l'idéal, mais certains accords sont

heureux. Sancerre • Saint-pourçain • Rosé des Riceys.

■ Blanc

Ne pas trop en attendre, mais peut se révéler aimable • Pouilly-fuissé • Mâcon • Mâcon villages • Saint-véran • Beaujolais blanc • Alsace pinot blanc • Sancerre, touraine et apparentés dans la famille sauvignon « Loire et Centre », quand ce cépage ne s'exprime pas avec trop de vigueur.

■ Une belle bouteille

Médoc : Château Noaillac • Chinon : Domaine du Raifault • Saint-nicolas-de-bourgueil : Domaine Joël et Clarisse Taluau.

Blanquette de veau

Le mot blanquette désigne des apprêts de différentes viandes blanches et de poissons, voire de légumes, cuits dans un fond dit « blanc ». Mais il n'est cependant, pour le commun des mortels, qu'une blanquette : de veau.

Qu'il s'agisse de l'épaule (le meilleur choix ?), de tendron ou de flanchet, voire de jarret, ce plat onctueux et facilement apprécié ne provoque pas les papilles. L'idéal semble de lui offrir un blanc séduisant sans esbroufe, jeune. Plutôt dans l'univers chardonnay, sans donner l'exclusivité à la Bourgogne et au Mâconnais.

■ Blanc

Mercurey • Rully • Givry • Mâcon villages • Pouilly-fuissé • Riesling jeune (une idée de Jean-Pierre Haeberlin) • Alsace pinot gris • Sancerre, reuilly et certains vins issus du sauvignon, à condition qu'ils soient secs et frais, mais d'une certaine plénitude, tout en ne faisant pas exploser son arôme végétal • Crozes-hermitage.

■ Rouge

Saint-joseph • Beaujolais villages • Fleurie • Brouilly • Chiroubles • Sancerre • Menetou-salon • Reuilly • Alsace pinot noir.

■ Rosé

Ni spécialement préconisé, ni interdit ! Sancerre • Côtes-de-provence.

■ Une belle bouteille

Rully : Domaine Henri et Paul Jacqueson • Mâcon : Cave de Charnay • Saint-véran : Domaine des Deux-Roches.

■ Pourquoi pas ?

Si la blanquette est belle et onctueusement crémée, un château-chalon, un arbois-vin jaune.

Grenadins de veau braisés

Rencontre du veau, tranché large et rond, avec lard gras et couenne, long passage par le four... Les rouges agréablement fruités allant classiquement avec le veau sont invités, mais on peut s'attarder prudemment dans le vaste Sud-Ouest viticole, en évitant les vins trop vigoureux. Les blancs sages ne feraient pas fuir les convives, mais n'apporteraient rien.

■ Rouge

Anjou villages • Saumur-champigny • Chinon • Bourgueil • Sancerre • Alsace pinot noir • Beaujolais villages • Brouilly • Morgon • Pécharmant • Côtes-de-duras • Côtes-de-buzet • Médoc.

Noix de veau braisée, rôtie

Voir les deux notices précédentes: on reste dans le même univers ! Moins d'apport de gras, quand la barde est discrète, voire absente ? On évitera le rude tannat, cépage à coups de poing du Sud-Ouest, et l'on pourra jouer des partitions distinguées dans le Bordelais. Si la viande n'est, quand même, pas trop sèche...

■ Rouge

Voir rubrique précédente. Les vins cités, et quelques autres... Beaune • Savigny-lès-beaune • Santenay • Ladoix • Corbières • Haut-médoc • Moulis • Saint-julien • Margaux.

Veau marengo

Comme le sauté de poulet homonyme, le veau ainsi préparé s'entend avec les rouges aimables, éventuellement assez aromatiques, servis relativement frais, et, mieux encore, avec les blancs au fruité plaisant dont l'acidité n'est pas agressive (il n'y a que l'embarras du choix, dans des styles différents).

■ Rouge

Côtes-du-rhône villages • Gigondas • Vacqueyras • Côtes-du-ventoux • Côtes-du-luberon • Lirac • Côteaux-d'aix • Les baux-de-provence • Patrimonio • Coteaux-du-languedoc • Côtes-du-roussillon villages • Anjou villages.

■ Rosé

Coteaux-du-tricastin • Fitou • Coteaux-du-languedoc • Patrimonio.

■ Blanc

Côtes-de-provence • Coteaux-d'aix • Cassis • Bandol • Patrimonio • Vin de Corse • Vin de Corse calvi • Touraine (sauvignon) • Sancerre • Mâcon villages • Saint-véran • Alsace pinot blanc.

■ Une belle bouteille

Vacqueyras : Domaine des Amouriers • Coteaux-du-languedoc : Mas Jullien • Côtes-de-provence rosé et blanc : Domaine Ott-Château de Selle • Patrimonio rouge, rosé et blanc : Domaine Antoine Arena.
Un condrieu (crustacés et poissons n'en ont pas l'exclusivité !) à condition qu'il soit jeune et sec, surtout pas « madérisé ». Sa corpulence florale et fruitée répond souvent très heureusement à la tomate, au léger parfum d'ail et d'oignon.

Selle de veau Orloff

Cet apprêt « historique » perpétuant la mémoire d'un prince russe du XIXe siècle est plus connu de nom que de saveur : il est répertorié dans les recueils de recettes élitistes, mais rarement proposé au commun des mortels. La selle de veau est braisée et tranchée, « fourrée de champignons et d'oignons, avec des lames de truffes, nappée de sauce Maintenon, poudrée au parmesan et glacée au four » (le *Larousse gastronomique* rappelle que les tranches sont en finale réunies et superposées pour reformer la selle).

■ Blanc

Meursault • Puligny-montrachet • Vins jaunes (arbois, étoile, côtes-du-jura) • Château-chalon... au risque d'avoir la bouche (agréablement) encombrée par le vin • Jurançon sec.

■ Rouge

Graves • Pessac-léognan • Médoc • Haut-médoc • Pauillac.

■ Pourquoi pas ?

Champagne blanc de blanc.

Jarret de veau accompagné de légumes

Souvent mobilisé par la potée, parfois demandé par la blanquette, le jarret avant ou arrière peut aussi s'affirmer tel quel, cuit entier dans un bouillon. Mêlant le maigre au gélatineux, pourvu d'un os ne demandant qu'à livrer sa moelle, il est fait pour s'entendre avec les légumes de saison (préférons la belle saison des petits légumes frais, percutants) et se lie d'amitié tranquille avec bien des vins. Selon les prescriptions répétitives de ce chapitre, on évitera les tanins bagarreurs, même s'ils augurent du meilleur, le boisé marqué et l'excès de puissance.

■ Rouge

Touraine • Sancerre • Alsace pinot noir • Bourgogne irancy • Beaujolais villages • Côtes-d'auvergne • Côtes-du-luberon • Côtes-de-provence.

■ Rosé

Sancerre • Marsannay • Saint-pourçain • Côtes-de-provence • Côteaux-du-tricastin • Minervois • Collioures • Côtes-du-roussillon • Bordeaux clairet • Irouléguy.

■ Blanc

Mâcon • Mâcon villages • Pouilly-fuissé • Saint-véran • Alsace pinot blanc.

Rouelle de veau « à l'ancienne », aux carottes

Détaillée dans le jarret, la rouelle est généralement vouée à l'osso buco, mais peut tranquillement dorer et cuire dans la cocotte. L'intitulé de la recette, assez rustique, peut varier, mais il s'efforce généralement de signaler la fidélité à une tradition. Et indique fréquemment la présence, assez anodine, de carottes.

Rouge

Voir notice précédente. Beaujolais nouveau • Côtes-du-rhône nouveau • Touraine nouveau.

Tête de veau sauce ravigote

Le veau donne de la tête : cuir échaudé et épilé, cervelle et langue, le tout étant diversement coupé selon l'occasion. La ravigote ici envisagée est une sauce relevée servie tiède ou chaude, avec vinaigre, moutarde, oignons. Le vin ne gagne rien à la rencontre : il faut choisir au plat un compagnon soit prudent, soit tenant le choc (le vinaigre est généralement désagréable envers le produit dont il est la métamorphose).

Rouge

Servir frais. Beaujolais villages • Morgon • Saint-pourçain • Haut-poitou • Côtes-du-ventoux • Côtes-du-luberon.

Rosé

Sancerre • Marsannay • Bourgogne côte-chalonnaise • Côtes-du-ventoux • Côtes-du-luberon • Vin de Corse • Touraine • Alsace pinot noir.

Blanc

Sec, et préféré lorsqu'il offre, sans excès, une désaltérante acidité. Bourgogne aligoté • Mâcon • Pinot blanc • Sylvaner • Entre-deux-mers • Graves-de-vayre • Peut-être un sancerre de qualité, mais il sera quelque peu malmené.

Une belle bouteille

Saint-pourçain : Domaine de Bellevue-Jean-Louis Pétillat • Marsannay rosé : Château de Marsannay • Bourgogne aligoté : Bouzeron Domaine Aubert et Pamela de Villaine.

Tête de veau sauce gribiche

Agrémentée et renforcée de câpres, de fines herbes et de blanc d'œuf dur grossièrement haché, cette sauce cousine de la mayonnaise ne manque pas de caractère. Au point de décourager les vins au tempérament accentué. Comme pour la ravigote, on optera pour un vin de soif ne se vexant pas d'être parfois dépassé par les événements...

Vins

Voir notice précédente.

Osso buco

Voir p. 157.

Cervelle meunière, en beignets

Un abat blanc assez fin, presque autant, parfois, que la cervelle d'agneau. Un vin blanc presque obligatoirement (mais on n'ira jusqu'au meursault que si l'on est certain que la préparation régale !). Sinon, un rouge léger et friand.

■ Blanc

Mâcon villages • Pouilly-fuissé • Saint-véran • Saumur • Vouvray ou montlouis le plus secs possible • Côtes-de-provence • Bandol • Ajaccio • Patrimonio • Vin de Corse.

■ Rouge

Beaujolais primeur au fruit mesuré • Beaujolais villages • Mercurey.

Foie de veau simplement grillé

Risquant d'être un peu sec ainsi préparé, et faisant un peu « régime », le foie de veau n'est pas magnifié, mais garde son goût, qui peut être puissant. Il sera à l'aise avec des vins peu tanniques ou aux tanins fondus, d'origines très diverses. Rosés et blancs ne sont pas forcément à l'aise, mais certains se font accepter. Pour la soif.

■ Rouge

La couleur à privilégier. Sancerre • Alsace pinot noir • Saint-pourçain • Côtes-de-provence • Coteaux d'aix • Les baux-de-provence • Coteaux varois • Fronton.

■ Rosé

Sancerre • Bordeaux clairet.

■ Blanc

Touraine • Mâcon • Saint-véran.

Foie de veau simplement poêlé

Plus moelleux, de meilleure succulence que grillé, le foie tranquillement poêlé affirme sa saveur. Il s'accommode des vins cités à la rubrique précédente, mais on pourra les choisir « un cran au-dessus ». Nous irons plutôt vers les vins issus du pinot noir... pas spécialement en Bourgogne !

Plusieurs rosés passent sans histoire. Les blancs acides ou gardant trop de sucre résiduel sont à proscrire, mais on peut accepter des vins de cette couleur sans typicité très marquée, qui ne feront ni rire ni pleurer (et s'arrangeront d'une éventuelle tombée de vinaigre).

■ Rouge

Sancerre • Reuilly • Menetou-salon • Saint-pourçain, marqué pinot noir • Certains côtes-d'auvergne • Alsace pinot noir • Chinon • Bourgueil • Saumur-champigny • Médoc • Haut-médoc • Moulis • Pomerol • Fronsac.

■ Rosé

Parfois un très bon choix... Sancerre • Reuilly.

■ Blanc

Si l'on veut... Cheverny • Bourgogne aligoté souple • Mâcon • Alsace pinot blanc.

■ Une belle bouteille

Sancerre rouge : Domaine Alphonse Mellot • Bourgueil : Domaine Yannick Amirault • Saumur-champigny : Château du Hureau • Sancerre rosé : Maison Guy Saget.

Foie de veau au bacon

Le foie de veau légèrement fariné cuit dans le gras rendu par le bacon, dont les tranches rissolées l'accompagnent sur le plat de présentation. Tenir compte de la force du vinaigre ayant servi au déglaçage, et de sa quantité, comme de l'éventuel emploi de jus de citron : ils peuvent prendre plus d'importance que le foie lui-même !

■ Rouge

Chinon • Bourgueil • Saint-nicolas-de-bourgueil • Saumur-champigny • Anjou villages • Touraine gamay • Beaujolais villages • Sancerre • Alsace pinot noir.

■ Pourquoi pas ?

Si le bacon est généreusement dispensé et le gras très présent, on peut aller, sur la pointe des pieds, sinon des papilles, vers un cahors, servi assez frais, ou vers un madiran à la virilité discrète.

■ Rosé

Marsannay • Côtes-du-jura • Arbois.

■ Blanc

En passe-partout... Voir rubrique précédente.

Foie de veau à la vénitienne

Coupé en petites escalopes ou en dés, le foie poêlé reçoit le renfort d'oignons blondis, d'un peu de vin blanc, de quelques gouttes de jus de citron.

On évitera les rencontres avec des rouges durs ou alcooleux, comme avec les blancs acides. Des rosés éventuellement assez tendres, mais d'une certaine vigueur, font agréablement l'affaire.

■ Rouge

La meilleure couleur, sans doute. Haut-médoc et médoc aux tanins fondus • Pomerol • Sancerre • Menetou-salon • Alsace pinot noir • Fleurie • Brouilly • Chinon • Bourgueil • Saint-nicolas-de-bourgueil • Minervois • Corbières • Côtes-de-provence.

■ Rosé

Sancerre • Menetou-salon • Saint-chinian • Corbières • Minervois • Côtes-du-roussillon.

■ Blanc

Alsace pinot blanc • Bourgogne • Mâcon •

Pouilly-fuissé • Saint-véran • Menetou-salon • Pouilly-fumé.

Une belle bouteille

Minervois rouge : Château d'Oupia • Saint-Chinian rosé : Château Cazal-Viel • Bourgogne-côte chalonnaise : Cave des Vignerons de Buxy.

Ris de veau simplement poêlé

Un abat blanc qui se laisse préparer sans cinéma, mais qui peut être écrasé par une garniture se voulant originale. Net avantage aux rouges élégants, souples, bien ouverts (les bordeaux seront applaudis s'ils n'arrivent pas chargés de tanin). Blancs d'acidité peu marquée et de fruité léger tout à fait acceptés.

Rouge

Chinon • Saint-nicolas-de-bourgueil • Médoc • Haut-médoc • Pauillac • Pessac-léognan.

Rosé

Sancerre • Touraine • Alsace pinot noir vinifié « clair ».

Blanc

Sancerre • Pouilly-fumé • Meursault • Rully • Côtes-du-jura.

Ris de veau à la crème

Délicatesse et douceur... Il est rituel, dans les ouvrages théoriques davantage que dans la pratique, de conseiller des vins liquoreux de belle étiquette. Nous restons fidèles à cet usage, mais ne tenterions certainement pas l'aventure avec un ruineux et encombrant Château d'Yquem. Nos préférences iraient, de toute façon, davantage vers un coteau-de-l'aubance agréablement moelleux ou un vouvray demi-sec, ou, dans un autre registre, vers un meursault, vers un graves blanc charnu ou un pessac-léognan, gras et riche.

Blanc

Sauternes et barsac (ne pas chercher les grands liquoreux de grande année, qui écraseraient le plat et ne seraient pas à leur place) • Sainte-croix-du-mont • Loupiac • Monbazillac • Graves • Pessac-léognan • Jurançon • Savennières pas trop sec • Coteaux-du-layon • Coteaux-de-l'aubance • Bonnezeaux • Vouvray et montlouis • Alsace pinot gris • Meursault • Puligny-montrachet • Chassagne-montrachet.

Rouge

Ne s'impose pas. Graves, pessac-léognan et médocs ayant évolué assez longuement en cave.

Une belle bouteille

Pessac-léognan : Château Haut-Brion blanc (un luxe !) • Graves : Clos Floridène • Savennières : Domaine du Closel • Montlouis : Domaine Olivier Delétang • Meursault : Château de Meursault • Alsace pinot gris : Domaine Zind-Humbrecht.

Ris de veau « financière »

L'orthodoxie et les bonnes manières de la grande cuisine veulent que les ris méticuleusement préparés soient cloutés de lamelles de truffe, voire de langue écarlate, qu'il y ait braisage à brun, présentation dans une croustade... À tout le moins nappera-t-on le ris de la très classique et riche sauce dite financière, véritable ragoût parfumé à la truffe (outre les champignons et les olives vertes, elle devrait notamment comporter des crêtes de coq... souvent oubliées). Plutôt un rouge élégant, mais le parfum de truffe oriente aussi vers certains blancs de l'univers rhodanien.

■ Rouge

Préférer des vins un peu vieillis... Grave • Pessac-léognan • Pomerol • Bandol.

■ Blanc

Hermitage • Crozes-hermitage • Saint-péray • Meursault • Alsace pinot gris.

Cassolette de ris et rognons de veau à la moutarde

Ris de veau et rognons sont aussi à l'aise rapprochés dans la casserole... qu'éloignés dans l'anatomie du veau. Un régal avec des pommes noisettes – et un appel à un rouge de caractère, pas exagérément corsé, soit bordelais, pour une alliance plus élégamment austère, soit bourguignon, pour une rencontre souriante. Mais le chinon, omniprésent dans ce chapitre, fait aussi valoir ses droits à la rencontre.

■ Rouge

Médoc • Haut-médoc • Pauillac • Saint-estèphe • Beaune • Savigny-lès-beaune • Santenay • Ladoix • Chorey-lès-beaune • Saint-romain • Chinon.

Rognons de veau grillés, sautés, en brochette, en cocotte

Très fins bien choisis (le produit avant tout, pas facile à sélectionner !), demandant une méticuleuse préparation, exigeant d'être cuits avec attention, gagnant à être servis rosés, les rognons de veau explosent de délicate saveur quand ils sont rissolés entiers dans leur graisse. Et méritent alors de beaux vins ! Mais on a souvent droit à des lamelles un peu sèches, parfois racornies...

Le choix de la bouteille dépend donc de ce que l'on espère trouver dans son assiette, de la confiance faite à l'acheteur. Un rognon entier peut se révéler une merveille, au demeurant assez coûteuse ; un rognon quelconque... ne mérite qu'un vin passe-partout.

■ Rouge

Anjou villages • Saumur-champigny • Chinon • Bourgueil • Côte-rôtie • Cornas • Saint-joseph • Crozes-hermitage • Saint-émilion.

■ Rosé

Va bien avec les rognons grillés, mais ne les sauve pas s'ils sont desséchés. Côtes-du-rhône • Tavel.

■ Blanc

Si l'on y tient... Plus indiqué quand la moutarde fait sentir sa présence. Sancerre • Chablis • Pouilly-fuissé • Vouvray envisageable, le plus sec possible.

■ Une belle bouteille

(De préférence avec un rognon entier cuit dans sa graisse.) Côte-rôtie ou cornas : M. Chapoutier • Crozes-hermitage : Paul Jaboulet aîné • Saint-joseph rouge : Domaine Bernard Gripa.

Rognonnade de veau braisée

La rognonnade est le morceau de filet de veau comportant le rognon. Découpé, roulé, ficelé, l'ensemble est mis à rôtir.

■ Vins

Voir notice précédente.

PORC

Échine, carré de côtes, filet mignon, palette, travers, jarret, oreilles et queue, abats : tout est bon dans le cochon, « repas sur pattes » que se partagent le boucher et le charcutier. Cette riche rubrique recense d'une part les plats réalisés avec la viande de boucherie la plus consommée en France et, d'autre part, avec le jambon ceux qui relèvent franchement de la charcuterie.

Sans oublier bien sûr ces vedettes de la gastronomie française que sont les saucisses, l'andouillette, les boudins noir et blanc, les pieds en vinaigrette ou panés (étant entendu que la choucroute emblématique de l'Alsace est évoquée dans le chapitre « Saveurs d'ici, saveurs d'ailleurs »).

Le menu tout cochon est étendu. Comme le choix des vins, blancs, rouges ou rosés « allant avec », que l'on ne choisira ni très tanniques, ni chargés de sucre résiduel.

À préférer rustiquement corsés, d'une astringence sans âpreté, pour se « dégraisser la bouche » quand le gril n'a pas asséché la viande ? Probablement... si l'on n'opte pas pour un gentil « vin de soif » surtout désaltérant. Le jeu est plus fin quand on s'interroge sur l'accompagnement, purée de légume ou fruits, sur le rehaut de poivre vert, de moutarde, d'ail, d'herbes aromatiques.

Rôti de porc

Il existe de meilleurs morceaux à rôtir... selon les goûts : certains plutôt secs, d'autres toute tendreté. Les blancs d'acidité modérée présentent bien des avantages, comme certains rosés, à ne pas choisir flasques ; mais on donnera plutôt la préférence à des rouges assez jeunes, sans excès d'expression, gentiment fruités. À boire frais, ils seront choisis relativement tendres, soyeux, lorsque la viande n'est pas trop grasse. Nettement plus tanniques, s'il faut riposter à un gras envahissant.

■ Rouge

Chinon · Bourgueil · Saint-nicolas-de-bourgueil · Saumur-champigny · Anjou villages · Côte-de-beaune · Beaujolais villages · Morgon et autres crus beaujolais · Côtes-du-rhône villages · Crozes-hermitage · Faugères · Fitou · Minervois · Corbières · Un pomerol ou un saint-émilion souples, avec du cochon de lait rôti. Les hauts-médocs et médocs, appréciés par de bons dégustateurs, ne devront pas être trop tanniques (une légère astringence – remarque valable pour tout ce chapitre – ne gêne cependant qu'avec une viande franchement maigre, comme celle de certains filets, ou desséchée par la brutalité de la cuisson).

■ Blanc

Alsace pinot blanc · Côtes-du-jura · Savennières · Vouvray et montlouis secs.

■ Rosé

Marsannay · Tavel · Lirac · Rosé des Riceys.

■ Une belle bouteille

Chinon de Charles Joguet · Morgon de Dominique Piron · Côtes-du-rhône villages : Domaine de Cabasse · Marsannay : Château de Marsannay.

Rôti de porc à la dijonnaise

Le porc passe au four enduit de moutarde, mais la vigueur du condiment ainsi employé ne tue pas le vin. Rester sur la sélection de la notice précédente, en inclinant davantage vers le blanc et en privilégiant, côté rouges, le chinon et le bourgueil.

■ Vins

Voir Rôti de porc, ci-contre.

Rôti de porc froid

Pratiquement les mêmes vins que précédemment, en favorisant les plus légers (trop de boisé écraserait la viande – et il faut juste assez de tanin pour répondre au gras). Les rosés assez charpentés ont parfaitement leur place sur une table estivale. Gare à la mayonnaise et à la moutarde souvent dispensées avec une dangereuse générosité !

■ Rouge

Beaujolais · Beaujolais villages · Alsace pinot noir · Sancerre · Vins du haut-poitou · Châteaumeillant · Côtes-du-vivarais · Vins de Savoie et du Bugey issus de la Mondeuse · Des vins du Languedoc et du Roussillon, notamment le collioure, accepteront peut-être de répondre presque aimablement à l'abus de mayonnaise et d'ail.

■ Rosé

Voir Rôti de porc, p. 114. Vin de Corse · Patrimonio.

■ Blanc

Voir Rôti de porc, p. 114. Si l'ail se manifeste avec vigueur, penser crozes-hermitage, saint-péray, côtes-de-provence, cassis. Si l'on ne force pas sur les condiments, on peut, lors d'un déjeuner estival sur la terrasse, explorer les AOC vin de Savoie, du registre « frais et léger » (apremont, chignin, montmélian) à celui, plus riche, des vins issus de l'altesse.

Carré de porc à l'alsacienne

Le régal d'une journée fraîche ! Le carré est cuit au four, puis dressé sur un lit épais de choucroute braisée. Les Alsaciens ne faisant pas les choses à moitié, des saucisses viennent généralement à la rescousse. Un plat donnant envie de boire à assez larges rasades...

■ Blanc

Sylvaner de qualité · Pinot blanc · Riesling jeune · Mâcon villages · Pouilly-fuissé.

■ Rouge

Alsace pinot noir (vinifié rouge, épargné par le boisé) · Bourgogne irancy · Sancerre.

■ Rosé

Alsace pinot noir · Marsannay · Sancerre.

Filet mignon poêlé

Détaillé en médaillons, revenu à la poêle, faisant ami-ami par sauce interposée avec le vin blanc, le bacon et ce qu'il faut d'oignon et d'ail, le filet appelle la moutarde, pas trop piquante. La choucroute est la bienvenue en accompagnement. Plutôt du blanc.

■ Blanc

Pinot blanc · Riesling (pas trop minéral) · Mâcon villages · Pouilly-fuissé.

■ Rouge-Rosé

Voir rubrique précédente. Choisir un vin léger, bu frais.

Filet mignon à la crème

Changement de registre quant au vin. Il n'est pas interdit de penser à un chinon, voire à quelque cru du Beaujolais, mais nous irions plutôt vers un blanc sec tendre issu du chenin (qui ferait merveille si le poivre concassé venait donner du tonus à la sauce).

■ Blanc

Savennières · Anjou · Vouvray et montlouis secs · Certains graves · Jurançon sec · Peut-être un condrieu.

■ Rouge

Chinon jeune · Moulin-à-vent.

Grillades de porc

Tranches d'échine, côtelettes, morceaux dits « grillades », jambon frais, spare-ribs.

Le gril et surtout le barbecue des beaux jours, bourreau des viandes quand il est mal disposé et contrôlé, éliminent l'excès de gras. Parfois un peu trop... On ira vers les accords simples « rustiques », avec des rouges assez typés pour affronter aimablement le goût de grillé et décaper le palais sans perdre leur identité. De bons rosés font l'affaire. Le fréquent accompagnement de haricots verts (un rien aillés, souvent) appelle un blanc assez ferme, en mésentente avec la plupart des rouges quand il est délicieusement frais et juste cuit.

■ Rouge

Beaujolais villages · Mâcon gamay · Touraine gamay · Anjou villages · Bourgogne irancy · Alsace pinot noir · Sancerre · Vacqueyras · Côteaux-du-languedoc · Collioure.

■ Blanc

Voir notices précédentes. Sancerre · Graves · Entre-deux-mers.

■ Rosé

Voir notices précédentes.

Travers de porc grillés

Voir notices précédentes.

Travers de porc à l'aigre-doux, sauce diable, laqué

La plupart des blancs, et moindrement, des rouges énumérés dans les notices précédentes conviennent. Mais la gamme des vins s'élargit, notamment vers les côtes-du-rhône, en rouge, et vers les blancs mi-secs prêts à jouer avec le sucré-salé et l'aigre-doux.

■ Rouge

Voir notices précédentes. Gigondas · Costières-de-nîmes · Faugères.

■ Blanc

Anjou · Vouvray, montlouis, demi-sec · Alsace pinot gris · Gewurztraminer équilibré, pas trop fruité · Riesling jeune.

Curry d'échine de porc

« Le porc, comme le poulet et l'agneau, se marie fort bien au curry indien », écrit Christian Parra dans *Mon cochon de la tête aux pieds*, avant de conseiller un morceau d'échine bien entrelardé. Le curry, complexe mélange d'épices, peut être plus ou moins fort. Il appelle des rouges sans agressivité tannique, relativement suaves, et des blancs allant du sec tendre au demi-sec. Les rosés font un peu figure de passe-partout avec les currys, mais sont agréables, assez nerveux et d'un certain caractère.

Rouge

Côtes-du-rhône villages · Gigondas · Lirac · Vacqueyras · Côtes-du-ventoux · Coteau-des-baux.

Rosé

Tavel · Lirac · Côtes-du-roussillon.

Blanc

Château-chalon · Arbois · Condrieu jeune · Muscat d'Alsace (sec, choisi alerte) · Alsace pinot gris avec un peu de sucre résiduel · Gewurztraminer · Jurançon · Savennières · Anjou · Coteaux-du-layon demi-sec · Peut-être un pacherenc-du-vic-bilh.

Petit salé aux lentilles

L'expression petit salé désigne sans manières tout morceau de porc passé par le salage. Choisissons travers, jambonneau, échine et poitrine, réclamons des lentilles vertes du Puy ! Vite préparé, servi à la bonne franquette, le plat est simple, succulent : la viande ainsi traitée (celle qui fait aussi le bonheur des potées) affirme fortement sa saveur. Blancs simples et rosés nets font l'affaire. Les rouges aussi... Encore mieux quand ils sont issus du gamay, à condition que leur fruité de jeunesse n'explose pas exagérément (on fera une exception au temps des beaujolais primeurs, mais la bouteille proviendra de chez un viticulteur rigoureux, inclinant presque vers l'austérité).

Rouge

Beaujolais · Beaujolais villages · Côtes-de-brouilly · Brouilly · Coteaux-du-lyonnais · Côte-roannaise · Saint-pourçain · Côtes-d'auvergne · Côtes-du-forez · Sancerre · Alsace pinot noir · Touraine gamay · Bourgueil · Chinon.

Blanc

Ne laisse pas une forte impression, mais désaltère. Mâcon villages · Saint-véran · Sylvaner · Alsace pinot blanc.

Rosé

Sancerre · Reuilly · Saint-pourçain · Côtes-du-vivarais · Irouléguy.

Potées auvergnate, bourguignonne, champenoise, lorraine

Il existe autant de potées que de provinces, en très grande majorité à base de porc (il en est cependant qui font un sort au gîte de bœuf, au confit d'oie, à l'épaule d'agneau). Celles concernées ici laissent la part belle au lard, fumé ou salé, au petit salé, à la palette de porc, au saucisson, pour la plupart au chou. Les navets, pommes de terre, carottes, poireaux et autres légumes viennent en renfort selon la saison et les usages locaux, sans que cela influe beaucoup sur les rapports avec le vin. La présence quasi inévitable du chou – qui n'est pas traité en choucroute ! –, ne pousse pas spécialement vers les blancs, auxquels font pourtant penser les potées agréablement nourrissantes et donnant convivialement soif. Les rouges du petit salé sont tous à leur place, ainsi que leurs proches du Centre de la France. On peut aussi déboucher un petit bourgogne.

Rouge

Côtes-d'auvergne boudes, châteaugay, chanturgue, madargue · Côtes-du-forez · Châteaumeillant · Coteaux champenois · Bourgogne irancy · Épineuil · Reuilly · Coteaux-du-giennois.

Blanc

Si le chou ne se manifeste pas trop... Sancerre · Reuilly · Alsace pinot blanc · Bourgogne aligoté.

Rosé

Sans s'imposer, peut faire plaisir. Les mêmes que pour le petit salé.

Une belle bouteille

Côtes-d'auvergne boudes : Domaine Sauvat, Domaine Jean-René Imbeau, Domaine André Charmensat · Côtes-d'auvergne châteaugay : Domaine Lapouge · Côtes-d'auvergne : Jean-Pierre Pradier, Jean-Michel Deat · Reuilly (rouge, rosé, blanc) : Domaine Gérard Bigonneau · Bourgogne irancy : Anita et Jean-Pierre Colinot.

Chou farci

Voir p. 154.

Tomates farcies

Prête à bien des mariages, flirtant volontiers avec les condiments affirmés, une belle tomate mûre et ferme s'offre toujours à accueillir en son sein chair à saucisse et oignon. Moelleux et parfumé, ce régal simple s'arrange de bien des vins, mais trouve surtout son bonheur avec les côtes-du-rhône.

Rouge

Côtes-du-rhône · Côtes-du-rhône villages · Vacqueyras · Gigondas · Côtes-du-ventoux · Lirac · Côtes-du-roussillon villages · Corbières · Faugères.

Jarret de porc au chou rouge

Un beau plat rustique et nourrissant, particulièrement appétissant lorsqu'il est réalisé selon les prescriptions de Robert et Michel Husser, les « deux étoiles » de Marlenheim dont le *Larousse gastronomique* pérennise la recette. Consulté lors de la rédaction de cette notice, Husser junior conseillait soit un pinot noir fruité, plutôt jeune, un peu vif, soit le Vorlauf de Mosbach, spécialité locale, soit un riesling assez minéral, voire un peu « pétrole » (ce n'est pas péjoratif !), capable de tenir devant cette préparation assez puissante.

■ **Rouge**
La meilleure couleur, mais que le tanin soit discret ! Alsace pinot noir • Coteaux champenois • Bourgogne irancy • Bourgogne marsannay • Sancerre.

■ **Blanc**
Riesling, en priorité • Rully • Givry • Peut-être un savennières (qui sympathisera plus avec le porc qu'avec le chou).

JAMBON SAUCE MADÈRE

Un bon jambon cuit à l'os, tendre et moelleux comme le jambon d'York, un bon madère... Quelle que soit la variante de la recette, le madère marquera le plat de sa douce puissance, mais sans excès. L'on regardera d'abord du côté de Bordeaux, en cherchant une certaine élégance, mais des cahors pas trop hauts en couleur, ronds, sont envisageables, ainsi que bien des côtes-du-rhône.

■ **Rouge**
Bordeaux supérieur bien choisi. Haut-médoc • Médoc • Fronsac • Canon-fronsac • Côtes-de-blaye • Côtes-de-bourg.

JAMBON BRAISÉ AUX ÉPINARDS

Moins courant dans les familles que par le passé, mais toujours un classique des brasseries. L'idéal : du jambon frais salé (et bien dessalé à l'eau fraîche !), des épinards frais... Ces épinards font mauvais ménage avec le tanin et contrarient le vin rouge : on ira donc systématiquement vers les blancs. Ils pourront être agréablement neutres, à l'instar d'un correct alsace pinot blanc, ou plus expressifs, a priori dans la grande famille sauvignon.

■ **Blanc**
Touraine sauvignon • Sancerre • Pouilly-fumé • Quincy • Reuilly • Menetou-salon.

ROGNONS DE PORC À LA MOUTARDE

Cela peut être bon, mais le plat ne brille pas par sa finesse. Choisir un blanc, chardonnay ou sauvignon, d'une saine rusticité, assez expressif pour ne pas être totalement éclipsé par le plat.

■ **Blanc**
Mâcon villages • Sancerre • Reuilly • Quincy.

ENDIVES AU JAMBON

Qu'elles soient poudrées de gruyère râpé et passées au four, nappées de béchamel, recouvertes de sauce Mornay, ou agrémentées d'une sauce au madère, les endives font bon ménage avec le jambon de Paris. Et avec le vin blanc, gentiment fruité, pas trop expressif (le sauvignon pouvant cependant montrer sa personnalité, sans faire désordre). Un rouge léger, dépourvu d'astringence, est acceptable.

Blanc

Alsace pinot blanc · Bourgogne aligoté · Pouilly-fuissé · Mâcon villages · Saint-véran · Sancerre.

Rouge

Alsace pinot noir · Bourgogne irancy · Beaujolais.

Andouillette « de Troyes »

Depuis un siècle environ « traditionnellement pur porc », meilleure quand elle vient de chez un bon faiseur de l'Aube ou d'ailleurs (Lemelle, Thierry, Duval et autres maîtres), l'andouillette dite de Troyes peut être grillée, au barbecue éventuellement, mais irradie mieux ses moelleuses saveurs à la sortie du four. Généralement accompagnée de frites – c'est lassant, mais bon –, suggérant aux amateurs bien d'autres accompagnements, elle se suffit à elle-même. Assez pour ne pas être sauvagement badigeonnée de moutarde, ingrédient particulièrement hostile au rouge, bien que certains Bourguignons fassent semblant de le croire presque copain avec un beaune ou un santenay... Les rouges habituellement amis du porc conviennent tous. De nombreux blancs font parfaitement l'affaire et répondent mieux quand l'andouillette est nappée d'une sauce à la crème.

Rouge

Bourgogne irancy · Mâcon gamay · Beaujolais · Beaujolais villages · Fleurie · Saint-amour · Côtes-de-toul · Côtes-d'auvergne · Coteaux-du-giennois · Touraine gamay · Anjou villages.

Blanc

L'andouillette risque d'éclipser le vin... mais la rencontre avec un beau chablis fait des heureux (un petit-chablis si l'on ne veut pas prendre de risques). Bourgogne irancy · Bourgogne aligoté · Mâcon, mâcon villages · Pouilly-fuissé · Saint-véran · Alsace pinot blanc · Saint-joseph · Savennières · Jasnières pas trop brutal.

Rosé

Rosé de Ricey (mais c'est payer le régionalisme un peu cher) · Marsannay · Côtes-d'auvergne corent.

Et aussi...

Gilbert et Dominique Lemelle, as de l'andouillette labellisée AAAAA, dégustent volontiers leur produit avec un champagne assez jeune, allègre, de chez Drappier par exemple. Restaurateurs aubois experts en la matière, David Deroussis et Alain Grémaud ont essayé l'accord avec un cidre assez sec du pays d'Othe. Pas mal ! En Alsace, Marc Haeberlin a joué « andouillette-bière » (préférer une ambrée, Schutzenberger ou Météor).

Boudin noir grillé ou poêlé

Aux pommes ou avec des frites ? L'accompagnement influe quelque peu, mais on restera sur un vin assez charnu, pas trop puissant, se mêlant bien dans la bouche avec cette succulente préparation sang-et-gras (que l'on se gardera de trop assécher à la cuisson). Il existe autant de boudins que de régions ou presque, certains très particuliers, tels le boudin antillais à la pâte fluide fortement pimentée, ou la formule du Béarn et du Bas-Adour, élaboration goûteuse que l'on conserve en boîte ou en bocal, sans l'habiller d'un boyau. Selon le tempérament du charcutier et la recette régionale, choisir un vin ayant un certain corps, capable, a priori, de tenir tête à un assaisonnement marqué.

Les vins généreux du Sud-Ouest issus du tannat et certains bordeaux (éventuellement d'une certaine aristocratie, si le boudin et l'accompagnement le méritent) sont candidats à la rencontre. Mais les enfants de la syrah ont droit de table, largement à égalité, et le gamay est accueilli en ami s'il ne livre pas trop les arômes de sa jeunesse.

■ Rouge

Saint-émilion · Pomerol · Fronsac · Côtes-de-castillon · Côtes-de-bourg · Madiran · Côtes-de-saint-mont · Béarn · Irouléguy · Côte-rôtie · Cornas · Saint-joseph · Crozes-hermitage · Beaujolais villages.

■ Rosé

S'il a de la puissance et de la personnalité · Côtes-du rhône villages séguret · Tavel · Lirac · Bandol · Irouléguy.

■ Blanc

Des expériences à tenter... On peut oser un vouvray ou un montlouis secs, mais le vin risque de ne pas être apprécié à sa juste valeur. Ou essayer un alsace pinot gris, voire un gewurztraminer rigoureux, cela avec un boudin très épicé.

■ Une belle bouteille

Madiran : Château Bouscassé d'Alain Brumont (conseillé en version vieilles vignes par Christian Parra, chef « deux étoiles » d'Urt, virtuose du boudin) · Saint-joseph : Bernard Gripa · Saint-joseph et crozes-hermitage : Cave de Tain-l'Hermitage.

Boudin blanc

Gagnant à être relevé, généralement d'herbes, plus richement de truffes, le boudin blanc fait figure de plat de fête et est une vedette des réjouissances de fin d'année. Très différent du boudin noir, puisqu'il est en principe fait de viande blanche, de lait et d'œufs, il n'a, lui, que faire du tannat et de la syrah !

Il est promis au vin blanc, vif dans la souplesse, sec tendre, frôlant éventuellement les lisières du moelleux (vive le chenin !), voire au champagne du réveillon.

■ Blanc
Anjou · Savennières · Vouvray et montlouis secs · Sancerre, pouilly-fumé, menetou-salon et apparentés, choisis délicats, sans explosion du sauvignon · Alsace pinot gris · Jurançon.

■ Rouge
Ce n'est pas la bonne couleur. Mais un côte-de-beaune, voire un cru de beaujolais ayant supporté quelques années de cave ne feraient pas scandale.

■ Et aussi...
Un champagne plutôt jeune, mais ayant du corps.

Pieds de porc en gelée

Un régal avec de bonnes pommes de terre cuites dans leur peau, coupées en grosses rondelles. Et une vinaigrette bien relevée à la ciboulette, voire remontée d'une pointe d'ail... qui n'arrange pas le vin ! Inutile de faire le tour de sa cave en se creusant la tête. Un gentil rosé servi bien frais fera l'affaire : il pourra donner du plaisir, mais ne gagnera rien à la rencontre. Un blanc simple irait aussi.

■ Rosé
Arbois · Tavel · Lirac · Côtes-de-provence · Minervois · Vin de Corse.

■ Blanc
Bourgogne aligoté · Touraine sauvignon · Viognier de l'Ardèche · Edelzwicker · Alsace pinot blanc.

Pieds de porc à la Sainte-Menehould

Habituellement vendus salés, précuits et panés, les pieds de porc servis chauds sont habituellement grillés. Parfois relevés d'un peu de moutarde, sans plus, ils ont souvent droit à la sauce Sainte-Menehould, qui fait appel à la moutarde, à l'oignon, au vinaigre et aux fines herbes (sauce que l'on peut aussi associer aux oreilles de porc). Plutôt un rouge léger.

■ Rouge
Chinon · Bourgueil · Sancerre · Coteaux-champenois · Côtes-de-toul · Alsace pinot noir · Beaujolais · Beaujolais villages · Fleurie · Morgon.

Jarret de porc à la choucroute

Voir Choucroute garnie, p. 152.

De nombreuses charcuteries sont évoquées à la fin de la rubrique « Hors-d'œuvre, entrées », p. 11-29.

LAPIN

Fréquemment traité avec la volaille, parce qu'il vient de la basse-cour et parce qu'il s'achète plus souvent chez le volailler que chez le boucher, il s'entend bien avec les vins amis du poulet. Rouge, rosé, blanc : déboucher de grandes bouteilles serait assez vain, mais on cherchera toujours quelque élégance dans la rusticité, une certaine atténuation des tanins.

LAPEREAU RÔTI

Piqué de lard gras, le jeune lapin à la chair tendre supporte d'être mis à la broche quand il est bien arrosé de beurre fondu. Il appelle le rouge, des pays rhodaniens, du Bordelais, de Bourgogne... à préférer souple, car il n'est pas de taille à affronter les tanins affirmés et accuserait mal le choc avec un boisé agressif.

■ Rouge

Côte-rôtie, cornas et saint-joseph tendres · Hermitage (conseillé par de bons gourmets, mais pour nous trop puissant) · Lalande-de-pomerol · Fronsac · Côtes-de-castillon · Côtes-de-bourg · Rully · Givry · Alsace pinot noir · Sancerre · Chinon.

LAPIN À LA MOUTARDE

La moutarde, de préférence forte et piquante, compense de sa vivacité la relative fadeur d'un lapin d'élevage courant. Bien que des blancs très divers et des rosés soient envisageables, on privilégiera des rouges répondant avec une certaine douceur à son piquant (évitons le heurt avec le tanin d'un bordeaux jeune ou d'un madiran de choc).

■ Rouge

Servir assez frais (14 ou 15 °C) · Chinon · Bourgueil · Beaune · Savigny-lès-beaune · Pernand-vergelesses · Santenay · Ladoix · Moulin-à-vent · Pomerol · Lalande-de-pomerol · Côtes-de-bergerac.

Rosé

Tavel · Lirac.

Blanc

Savennières · Saint-véran · Côtes-de-provence.

Une belle bouteille

Bourgueil : Domaine Pierre-Jacques Druet · Savigny-lès-beaune : Domaine Lucien Camus-Bruchon.

Lapin chasseur

Un beau lapin, souvent des lardons, une sauce aux champignons, à l'échalote, au vin blanc et à la tomate. Les vins auront de la tenue mais pas de raideur, le tanin s'affirmera avec discrétion.

Rouge

Anjou villages · Chinon · Bourgueil · Saint-nicolas-de-bourgueil · Saumur-champigny · Lalande-de-pomerol · Côtes-de-castillon · Côtes-de-bourg · Premières-côtes-de-blaye · Côtes-de-franc · Un madiran jeune sera à l'aise s'il est choisi souple.

Lapin en gibelote

Avec ce ragoût, dans lequel se fondent lardons, petits oignons et bouquet garni, on n'est pas très loin du lapin chasseur. On peut se tourner vers des rouges plus tanniques (surtout pas « durs »), que l'on choisira encore jeunes, modérément corsés. Il n'est pas interdit de se désaltérer d'un trait de vin blanc aimablement fruité, en fréquentant plutôt l'univers du chenin ou du sauvignon.

Rouge

Les vins du lapin chasseur.
Bandol envisageable si le lapin est assez fort en saveur · Minervois · Corbières.

Blanc

Anjou · Savennières · Vouvray très sec · Sancerre.

Une belle bouteille

Anjou-villages : Domaine de Montgilet · Saumur-champigny : Domaine Filliatreau (plutôt un friand jeunes vignes ? Ce domaine laisse l'embarras du choix.) · Côtes-de-castillon : Château d'Aiguilhe.

Lapin aux pruneaux

L'arôme des pruneaux, assez onctueux, rond, pousse vers des rouges à la fois denses et moelleux. On peut penser à d'assez grands bandols – pas trop jeunes ! –, voire à quelque châteauneuf-du-pape.

Rouge

Bandol vieux de cinq ou six ans · Châteauneuf-du-pape également adouci par l'âge · Gigondas · Les meilleurs côtes-de-provence et coteaux-d'aix · Coteaux-des-beaux · Patrimonio.

Lapin au cidre

Un bon cidre fermier, bien sec, aura la priorité, non l'exclusivité. Côté rouges, on en restera aux vins avenants, assez ronds, sans exagération de fruité. Un blanc rond et d'une gentille opulence, plaisamment passe-partout, est envisageable.

■ Rouge
Chinon · Bourgueil.

■ Blanc
Crozes-hermitage · Saint-joseph · Dans un autre registre, alsace pinot blanc de bonne tenue.

Lapin à la bière

Même dispensée abondamment, même amère et de caractère, la bière marque moins fortement le plat qu'on ne l'imagine. Elle sera offerte en accompagnement, mais un rouge aimable et servi frais ne choque aucunement. Un blanc sec pas trop acide, pas trop fruité, peut se révéler de bonne compagnie.

■ Bière
Blonde ou ambrée, voire brune légère. Du Nord : Ch'ti, Grain d'Orge, Saint-Silvestre-Trois Monts, Enfants de Gayant, Janlain · Alsace : Météor, Schutzenberger.

■ Blanc
Sancerre · Alsace pinot noir · Chinon · Bourgueil · Saumur-champigny.

Lapin au thym

Le plat chante avec l'accent du midi. Bien des vins méridionaux lui répondent en langue d'oc ou en provençal. Un rosé friand et assez puissant peut convenir.

■ Rouge
Collioure · Corbières · Côtes-du-roussillon villages · Fitou · Faugères · Costières-de-nîmes · Côtes-du-rhône assez tanniques · Côtes-du-ventoux assez charpentés · Côteaux-d'aix · Côteaux varois.

■ Rosé
Tavel · Bandol · Patrimonio · Irouléguy.

Lapin à la crème fraîche

Une préparation simple, qui gagne à un bon apport de bouquet garni, d'oignon haché et d'ail écrasé. Le blanc l'emporte nettement, mais un petit rouge frais issu du pinot noir tient la route.

■ Blanc
Arbois · Côtes-du-jura · Savennières · Anjou · Vouvray sec · Montlouis sec · Alsace pinot gris.

■ Rouge
Beaujolais villages · Mâcon.

VOLAILLE

Le même volatile, tout un univers. La race, le sexe et l'âge jouent, ainsi que la cuisson, l'accommodement – le poulet à la crème, la poularde demi-deuil et le coq au vin n'appartiennent pas au même univers gustatif. Cette importante rubrique du chapitre « basse-cour » (le canard fait nettement bande à part) entraîne à puiser dans la plupart des AOC, souvent du côté des rouges, gentiment, mais pas trop fruités. Les blancs reprennent la vedette en plusieurs occasions, notamment avec les préparations crémées et les curys, les rosés se montrant bons camarades de la volaille simplement rôtie ou grillée.

En plusieurs occasions, notamment avec la poularde et le chapon, on songe à une belle bouteille, en inclinant ici vers des rouges plutôt évolués, là vers des blancs hésitant entre aimable rondeur et douce opulence. Les rouges, selon occurrence, seront systématiquement choisis assez légers ou discrètement corsés : les vins costauds, dont la brutalité tannique écrase la tendre saveur du blanc, se tiennent mal à table face à la volaille.

POULET SIMPLEMENT RÔTI

De Loué, de Challans, des Landes, d'Alsace ou d'ailleurs (de Bresse, par exemple...), le poulet à chair blanche ou jaunâtre se révèle, ainsi préparé, tel qu'il est réellement. Mieux vaut alors ne pas parler des volatiles d'élevage industriel ! Un rouge aimable, gentiment fruité pas trop, servi frais, lui tient compagnie sans façons ; mais on peut déboucher une bouteille de rosé, s'il a du corps, ou se désaltérer avec un blanc pas trop acide, plutôt tendre, qui fera, plus tard, merveille avec le reste du poulet servi froid.

■ Rouge

Anjou villages • Saumur-champigny • Chinon • Bourgueil • Saint-nicolas-de-bourgueil • Touraine gamay • Sancerre • Bourgogne (plutôt côte-de-beaune) • Mercurey • Rully • Givry • Alsace pinot noir • Arbois • Beaujolais villages • Brouilly • Saint-amour • Côtes-du-rhône villages • Cornas • Saint-joseph.

■ Rosé

Arbois • Marsannay • Tavel • Bandol • Côtes-de-provence.

■ Blanc

Pas à conseiller systématiquement, mais un savennières, un meursault ou un alsace pinot gris peuvent apporter beaucoup. Plus neutres : anjou sec, alsace pinot blanc, bordeaux d'élégante simplicité.

Poulet à la broche ou grillé

À peu près les mêmes vins que pour le poulet rôti, en favorisant les rosés et en forçant encore moins sur le blanc. Le poulet grillé en crapaudine (fendu, aplati, pané), en principe de petit format, partage le même sort, mais il faut tenir compte du beurre maître d'hôtel ou de la sauce diable pouvant l'accompagner.

■ Rouge

Anjou villages • Saumur-champigny • Chinon • Bourgueil • Saint-nicolas-de-bourgueil • Touraine gamay • Sancerre • Bourgogne (plutôt côte-de-beaune) • Mercurey • Rully • Givry • Alsace pinot noir • Arbois • Beaujolais villages • Brouilly • Saint-amour • Côtes-du-rhône villages • Cornas • Saint-joseph • Saint-pourçain.

■ Rosé

Arbois • Marsannay • Tavel • Bandol • Côtes-de-provence • Pinot noir style Vorlauf (Mosbach) • Patrimonio • Vin de Corse calvi.

Poulet froid

L'un des mets les plus demandés lors des repas sur le pouce ! Rouge frais, léger, gentiment fruité ? ou rosé aimable et assez structuré ? Inutile de s'interroger si l'on abuse de la mayonnaise en accompagnement !

■ Rouge

Anjou • Saumur-champigny • Touraine • Sancerre • Alsace pinot noir • Beaujolais.

■ Rosé

Côtes-de-provence • Tavel • Bergerac • Côtes-de-duras • Bordeaux clairet • Sancerre.

■ Pourquoi pas ?

Grand sommelier, Philippe Bourguignon conseille un champagne d'expression assez simple, dans son bel album *L'Accord parfait* (pour un chic pique-nique ?).
Un cidre pas douceâtre.

Poulet à la crème

Choisir un beau poulet, à défaut de poularde (voir notice, plus loin)... Se méfier de la brutalité des vins jeunes, des astringences.

■ Rouge

Anjou villages · Bourgueil · Saint-nicolas-de-bourgueil · Chinon · Beaujolais villages · Moulin-à-vent · Juliénas · Pauillac évolué envisageable si la volaille est belle et ne nage pas dans la crème.

■ Rosé

À la rigueur, mais pas emballant... Corbières · Sancerre · Marsannay · Alsace pinot noir.

■ Blanc

Bordeaux · Graves · Alsace pinot gris · Anjou · Savennières · Vouvray et montlouis relativement secs · Bel accord avec le meursault quand le poulet est de grande qualité · Idem avec le montrachet... quand le poulet est exceptionnel · Vin jaune · Jurançon sec.

■ Une belle bouteille

Moulin-à-vent : Château des Jacques · Jurançon sec : Marie du Clos Uroulat.

Poulet au citron

Le citron dans le jus duquel a macéré le poulet se sent dans la chair et réapparaît dans la sauce, adouci par la cuisson et un petit apport de crème fraîche épaisse. L'on ira plutôt vers un blanc pas trop acide ou un rosé, lui, de fraîche acidité.

■ Blanc

Anjou · Montlouis sec · Sancerre · Jurançon sec · Un gewurztraminer net, raisonnablement fruité et sans trop de sucre résiduel répondrait subtilement à la saveur citronnée.

■ Rosé

Bordeaux clairet · Bergerac · Irouléguy · Sancerre · Menetou-salon · Reuilly.

Poulet sauté chasseur

Le rendez-vous, dans une cocotte, d'un beau poulet et de champignons émincés, de vin blanc, d'une sauce tomate bien réduite et d'un doigt de marc... Blanc pas exclu, mais le rouge l'emporte auprès de la majorité des convives.

■ Rouge

Anjou villages · Saumur-champigny · Bourgueil · Chinon · Côtes-du-rhône villages · Crozes-hermitage · Gigondas · Faugères · Collioure · Côtes-du-roussillon villages · Minervois.

■ Blanc

Mâcon blanc · Petit-chablis.

■ Une belle bouteille

Médoc : Château Les Ormes-Sorbet, Château Noaillac · Crozes-hermitage : Domaine Alain Graillot.

Poulet en barbouille

Toujours la cocotte... Le sang du poulet (et, parfois, du sang de porc), les champignons de couche, les lardons, les oignons, le vin rouge et l'ail sont de la partie. Les compagnons rouges du poulet chasseur ne sont pas déplacés : on se portera vers les plus corsés.

■ Rouge

Anjou villages · Saumur-champigny · Bourgueil · Chinon · Côtes-du-rhône villages · Crozes-hermitage · Gigondas · Faugères · Collioure · Côtes-du-roussillon villages · Minervois · Beau châteauneuf-du-pape envisageable, assez vieilli, quand le plat promet d'être délectable · Lirac · Vacqueyras · Costières-de-nîmes · Rioja.

Poulet sauté au vinaigre

Apprécié dans la région lyonnaise, le poulet doré à la sauteuse, puis cuit à feu modéré après avoir été arrosé de vinaigre de vin n'oblige pas à sortir de grandes bouteilles. Bien qu'une tombée de blanc soit la bienvenue dans la sauce, l'on ira plutôt vers le rouge... en espérant la vivacité du vinaigre modérée.

■ Rouge

Saumur-champigny · Bourgueil · Saint-nicolas-de-bourgueil · Chinon · Chiroubles · Plus charnus, certains vins rhodaniens conviennent : crozes-hermitage, saint-joseph, par exemple.

■ Rosé

Tavel généreux · Bourgueil rosé · Alsace pinot noir de qualité.

■ Pourquoi pas ?

Antoine Zocchetto, sommelier au *Meurice*, conseilla un xérès (pour un poulet... au vinaigre de xérès).

Poulet basquaise

Le piment d'Espelette, dont la poudre remplace avantageusement le paprika, mêle son parfum et sa force modérée aux saveurs simples et allègres de la tomate, de l'oignon et du piment vert. Un bon irouléguy rosé rebondit comme une balle de pelote, en accord parfaitement régionaliste, mais le madiran... et beaucoup de rouges assez fermes fraternisent virilement avec ce plat. Le vin peut faire preuve d'une rudesse aimablement rustique, à l'instar de ceux issus du tannat, ce qui lui permet de tenir tête aux piments, mais l'on évitera de le choisir trop dur au palais et risquant d'écraser le poulet.

■ Rouge

Irouléguy · Madiran · Côtes-de-saint-mont · Côte-de-duras · Fronsac · Corbières · Coteaux-d'aix.

■ **Rosé**
Irouléguy • Tavel • Bandol.

■ **Une belle bouteille**
Madiran : Château d'Aydie • Irouléguy : Les terrasses de l'Arradoy (Cave d'Irouléguy) • Irouléguy rosé : Domaine Abotia, Domaine Arretxea.

Poulet Marengo

Le sauté de poulet dont Bonaparte se serait régalé au soir de la victoire de Marengo... Le vin blanc, la tomate et l'ail fredonnent un petit air italien dans ce plat simple. Des rouges servis frais passent bien, mais on penchera davantage vers le blanc, à choisir gentiment fruité et d'acidité tranquille.

■ **Rouge**
Côte-du-rhône villages assez rond • Gigondas • Vacqueyras • Côtes-du-ventoux • Anjou villages.

■ **Rosé**
Coteaux-du-tricastin • Coteaux-du-languedoc.

■ **Blanc**
Côtes-de-provence • Bandol • Patrimonio • Vin de Corse calvi • Touraine (sauvignon) • Sancerre • Mâcon villages • Beaujolais blanc.

Croquettes de poulet

Ce petit apprêt frit est plutôt servi en hors-d'œuvre, quand il n'est pas grignoté comme plat-repas de « fast-food ». En palet, en boule ou en rectangle, souvent arrosé de quelques gouttes de citron, ou accompagné d'une sauce forte, ce mets pané mangé distraitement appelle un vin de soif, plutôt blanc.

■ **Blanc**
Bordeaux • Graves • Alsace pinot blanc • Bourgogne aligoté • L'ajout de certaines sauces épicées fait songer à un gewurztraminer frais.

■ **Rosé**
Provence • Vin de Corse.

■ **Rouge**
Un gentil petit vin issu tout ou partie de la syrah • Coteaux-du-tricastin • Côtes-du-luberon.

« Côtelettes de poulet » Pojarski

Vedettes sans prétention de la cuisine russe, ces côtelettes reconstituées portent le nom d'un aubergiste d'antan, dont la haute société adora les boulettes de bœuf, puis de veau (le nom de Pojarski, pour les puristes, reste surtout lié à un apprêt du veau). La préparation, de nos jours, est souvent faite avec du blanc de volaille. Finement haché, il est mélangé à de la crème fraîche, roulé en palet dans la chapelure et poêlé.

Pas de grands vins, mais on évitera les rouges rustauds ou simplement trop tanniques pour ce plat simple que l'on préfèrera avec des blancs d'acidité légère, désaltérante.

■ Blanc

Pas liquoreux, bien sûr, mais un rien tendre. Pas trop de fruité • Savennières • Anjou • Montlouis et vouvray bien secs • Alsace pinot gris.

■ Rosé

Pinot noir d'Alsace, pas ou peu boisé, style Vorlauf (Mosbach) • Côtes-de-provence.

■ Rouge

A priori, le rouge de tout le repas... Anjou villages • Bourgueil • Touraine gamay • Beaujolais sans excès de fruit • Petit bourgogne • Côtes-du-rhône, éventuellement primeur.

Curry de poulet

Ce condiment indien – marqué par le poivre, le cumin, la coriandre et le curcuma –, frappe davantage les papilles que la saveur du poulet. Cela fait préférer certains blancs ou rechercher un rouge peu astringent pouvant affronter gentiment la note épicée, parfois forte et à l'occasion brûlante, notamment dans les restaurants thaïlandais. On s'intéressera aux vins issus du chenin, dans le Val-de-Loire, et du gewurztraminer, en Alsace (éviter l'excès de sucre résiduel, sans craindre une certaine « tendreté mœlleuse »).

■ Blanc

Plutôt des demi-secs, sans trop d'acidité, servis bien frais • Anjous secs • Coteaux-du-layon et coteaux-de-l'aubance d'année moyenne, pas trop riches en sucre • Alsace pinot gris • Gewurztraminer • Condrieu.

■ Rosé

À choisir assez vif et à servir bien frais • Tavel • Lirac • Bandol • Palette • Côtes-de-provence • Vin de Corse.

■ Rouge

Anjou villages • Côtes-du-rhône villages • Gigondas • Lirac • Vacqueyras • Coteaux-du-tricastin • Côtes-du-ventoux.

Poulet tandoori

Devant son nom à un four spécial en terre cuite (le tandoor), cet apprêt du poulet chante de toutes ses épices, avec des notes très pimentées. La chair est tendre, mais croustillante en surface (les morceaux sont enduits de yaourt parfumé par curcuma, gingembre et autres condiments indiens et pakistanais), les salades d'accompagnement sont marqués par de fortes saveurs épicées.

Les rosés passe-partout ont la vie dure, mais on leur préférera, de loin, les vins secs tendres du Val-de-Loire et certains alsaces marqués par le sucre résiduel, sans aller jusqu'aux « vendanges tardives ».

■ Blanc

Gewurztraminer au fruité modéré · Alsace pinot gris · Muscat d'Alsace (jeune, net et frais) · Sancerre de très belle année · Bonnezeaux · Coteaux-de-l'aubance · Coteaux-du-layon · Quarts-de-chaume · Savennières · Condrieu.

■ Rosé

Chinon · Bourgueil · Marsannay · Tavel · Vin de Corse.

Waterzoï de poulet

Fréquemment préparé avec des poissons de la mer du Nord, le waterzoï est aussi un accommodement du poulet. La crème fraîche épaisse fait sentir son onctueuse présence et l'on a souvent envie de renforcer l'assaisonnement.

■ Blanc

Meursault · Savennières · Vin jaune.

■ Pourquoi pas ?

Une bière ambrée.

Poularde à la crème

Mêmes vins que pour le poulet à la crème... un cran au-dessus ! Voire très supérieurs, s'il s'agit d'une belle volaille de Bresse onctueusement accommodée d'une crème fine à la présence bien étudiée. Attention aux mésalliances, voire aux heurts désagréables avec les rouges tanniques ou trop puissants.

■ Rouge

Bourgueil · Saint-nicolas-de-bourgueil · Chinon · Santenay · Monthélie · Moulin-à-vent · Pauillac assez âgé.

■ Rosé

Bordeaux · Graves · Alsace pinot gris · Anjou · Savennières · Vouvray et montlouis relativement secs · Meursault · Dans un registre « moelleux », penser loupiac, cérons, jurançon, au risque de contrarier certains convives.

■ Une belle bouteille

Moulin-à-vent (de belle année) : Georges Dubœuf · Savennières : Domaine des Baumard.

Poulette ou poularde en vessie

Pour rêver de l'illustre Fernand Point, de la grande tradition d'hier... Savant chef-d'œuvre de simplicité, ce plat célèbre est servi chez Chapel, chez Bocuse, et ne sera jamais de ceux que l'on rencontre souvent au coin de sa table. Un bourgogne souple, voire léger, racé et de fine texture, lui fait la fête. Certain bordeaux, ronds, « plutôt merlot », ne demanderaient qu'à être conviés, mais ne font pas partie des compagnons traditionnels de cette spécialité plutôt lyonnaise.

■ Rouge

Beaune · Savigny-lès-beaune · Volnay · Santenay · Pomerol ou lalande-de-pomerol soyeux.

■ Blanc

Meursault · Puligny-montrachet · Montrachet.

■ Pourquoi pas ?

Un champagne racé vineux, de préférence marqué par le pinot noir.

Poularde demi-deuil

Coupée en fines lamelles, la truffe fait sentir sa présence, mais la qualité de la poularde demeure primordiale. Sortie du bouillon bien parfumé et débarrassée de la mousseline dans laquelle elle était serrée lors de la cuisson, elle s'entend avec les blancs racés non moelleux, auxquels va notre préférence, comme avec les bourgognes rouges sans sévérité, presque cajoleurs, et avec les très bons beaujolais.

■ Rouge

Santenay · Saint-amour · Moulin-à-vent · Fleurie · Pessac-léognan et graves vieillis (quand la truffe s'exprime).

■ Blanc

Savennières évolué, pas trop dominé par son acidité · Vouvray sec · Arbois · Meursault.

Poularde truffée cuite à la vapeur

Une belle poularde, quelques truffes débitées en fines lamelles, une longue cuisson dans une marmite hermétiquement close au-dessus d'un consommé s'épanouissant en vapeur aromatique. Rien d'excessivement compliqué, mais ce n'est certes pas un plat de tous les jours !

Le vin ne relèvera pas davantage du quotidien. Quelque beau bordeaux ayant fêté, au moins, son dixième anniversaire ? Un hermitage ou un vin proche, choisis pour leur élégance veloutée davantage que pour leur puissance ? Un blanc généreux, plutôt vallée du Rhône, ne nous déplaît pas quand la truffe s'affirme, mais nous ne l'avons jamais entendu conseiller.

■ Rouge

Pessac-léognan · Graves · Haut-médoc · Médoc · Hermitage et crozes-hermitage vieillis · Volnay.

■ Blanc

Crozes-hermitage • Saint-péray • Saint-joseph.

Poule au pot

Le pot-au-feu que le bon roi Henri aurait souhaité offrir le dimanche aux laboureurs de son royaume... Ce plat de fête pour copains conviviaux ne voulant pas casser leur tirelire se prête à variantes : les Béarnais oublient le jambon de Bayonne, souvent mêlé à la farce. Un peu fade parfois – ce qui oblige à appeler moutarde, cornichons et gros sel en renfort –, la poule au pot suggère plutôt le blanc, mais les rouges au tanin léger sont bienvenus. Des bordeaux peuvent convenir, notamment dans le secteur Saint-Émilion/Pomerol, bien qu'une grande bouteille ne gagne pas à la rencontre (éviter les vins dont la rondeur serait doublée d'une trop belle puissance).

■ Blanc

Rully • Mercurey • Pouilly-fuissé • Mâcon • Beaujolais blanc.

■ Rouge

Beaujolais villages • Brouilly • Pour rester dans la tradition du Sud-Ouest, si le plat est bien assaisonné : madiran pas exagérément dense ; béarn pas trop généreux ; irouléguy aimable servi frais • Côtes-de-castillon • Côtes-de-bourg • Premières-côtes-de-blaye.

Coq au vin

Un coq de ferme, à l'ancienne, ou simplement un beau poulet musclé... et le vin d'un vignoble proche, si possible. Reste à conter l'histoire, qui a bien des variantes. Coq au chambertin ? Coq au juliénas ? Au chanturgue ? Au vin jaune ? Au riesling ? Blanc ou rouge, meilleur sera le vin, meilleur sera le plat... ce qui ne signifie cependant pas que les grands et premiers crus de la côte-de-nuits passent souvent dans la sauce. Dans le grand récipient de la marinade, puis dans la cocotte, un bon vin suffit. Sur la table, son grand frère ou son cousin, de même couleur, plutôt de même région, choisi un cran au-dessus (meilleur terroir, meilleur viticulteur, meilleur millésime...). Une bouteille honorable dans le plat, deux bouteilles plus qu'honorables sur la table, voilà qui fait des heureux.

■ Rouge

Plus lourd, plus léger, l'embarras du choix... Bourgueil • Chinon • Touraine (robuste) • Bourgogne • Irancy • Beaune • Volnay • Pommard • Santenay • Ladoix • Monthélie • Nombreux côte-de-nuits, proches parents de préférence un peu vieillis du chambertin (gevrey-chambertin, morey-saint-denis, etc.) • Beaujolais villages • Juliénas • Moulin-à-vent • Saint-pourçain • Côtes-d'auvergne • Saint-joseph • Châteauneuf-du-pape • Gigondas • Bandol.

■ Blanc

Tenter d'assortir au mieux... ce qui est plus facile quand on connaît l'intitulé du plat, en se demandant, au passage, si l'on veut un vin désaltérant (dans ce cas, plutôt un enfant du chardonnay, bourguignon ou mâconnais). Belles rencontres avec le vin jaune, surtout lorsque les morilles font de la figuration intelligente dans la sauce, et avec le riesling, pas trop minéral. Arbois • Mâcon villages • Beaujolais.

■ Une belle bouteille

L'embarras du choix, dans les rouges. Juliénas : Château de Juliénas • Gigondas : Domaine Raspail-Ay.
Pour le coq au riesling, un vin assez puissant : riesling Léon Beyer. Au vin jaune : vin jaune Domaine Rolet ; Fruitière vinicole de Pupillin.

Coq à la bière

La rencontre, en cocotte, d'un jeune coq et de 50 cl de bière blonde. Des lardons, des petits oignons, des champignons... La bière marque moins la préparation qu'un vin, et ne laisse pas toujours deviner sa présence. Elle appelle néanmoins une bière sur la table ! Mais un vin rouge pas trop accaparant, éventuellement un peu rustique, ne bousculerait pas le plat.

■ Pourquoi pas ?

Ambrée moelleuse, mais vive. Blonde un rien amère si l'on a soif. Brune assez puissante parfaitement envisageable si la sauce est bien relevée.

■ Rouge

Pas à propos, mais la plupart des vins conseillés pour le coq au vin conviennent.

Chapon à la broche

Un régal, si la cuisson est bien conduite, à savoir si la volaille est régulièrement arrosée de sa graisse rendue... Avec un superbe chapon bressan à la chair délicate, nous conseillons, à l'instar de Georges Blanc, orfèvre en la matière, un bourgogne racé et fin. D'autres rouges sont envisageables, à qui il sera toujours demandé une certaine délicatesse. Un très beau médoc discret, par exemple, dont les tanins se seraient estompés.

■ Rouge

Volnay • Santenay • Aloxe-corton • Beaune • Chambolle-musigny • Morey-saint-denis • Pomerol pas trop corsé • Haut-médoc ou médoc sans tanin agressif, ou assagi par quelques années de cave • Chinon • Bourgueil.

■ Une belle bouteille

Volnay : Domaine de la Pousse d'Or • Santenay : Domaine Roger Belland, Domaine Denis et Françoise Clair • Médoc : Château Tour Haut-Caussan.

Chapon rôti

À peu près les mêmes prescriptions que pour le chapon à la broche. L'univers de la côte-de-beaune sera exploré en priorité. Les blancs sont très envisageables, dans une toute autre conception de l'accord, mais doivent être charnus, d'acidité peu marquée.

■ Rouge

Volnay • Santenay • Aloxe-corton • Beaune • Chambolle-musigny • Morey-saint-denis • Pomerol pas trop corsé • Haut-médoc ou médoc sans tanin agressif, ou assagi par quelques années de cave • Chinon • Bourgueil.

■ Blanc

Meursault • Puligny-montrachet • Condrieu.

Canard ou caneton aux pêches

La suavité des pêches pousse à de doux accords, avec des blancs peu acides. L'on ira de préférence vers les demi-secs, mais les moelleux affirmant une certaine acidité font merveille.

■ Blanc

Vouvray • Montlouis • Coteaux-de-l'aubance • Bonnezeaux • Quarts-de-chaume • Sauternes et barsacs pas trop opulents • Loupiac • Jurançon • Dans un autre registre : saint-joseph et crozes-hermitage blancs.

Canard ou caneton aux olives

Les olives font rêver de la vallée du Rhône, de la Provence. On ne se trompera guère en choisissant un vin des pays du soleil (mais le Sud-Ouest fera acte de candidature si les olives ne s'expriment pas de façon trop explosive).

■ Rouge

Côtes-du-rhône villages • Gigondas • Lirac • Côtes-du-ventoux • Palette • Côtes-de-provence • Madiran • Côtes-de-saint-mont • Côte-de-bourg.

Canard ou caneton aux cerises

La préparation traditionnelle s'avérant compliquée, bien des ménagères font un sort à un bocal de

griottes au naturel plutôt que de pocher dans du vin les cerises de Montmorency, dont le nom est souvent attaché à la recette. Les blancs demi-secs se tiennent bien ; on peut tenter un bourgogne rouge fruité.

■ Rouge

Gevrey-chambertin · Nuits-saint-georges.

■ Blanc

Coteaux-de-l'aubance · Bonnezeaux · Sauternes et barsacs pas trop opulents.

Canard ou caneton braisé aux navets

Plutôt avec un bourgogne jeune, en bonne entente avec la note marquée des navets.

■ Rouge

Côte-de-nuits · Nuits-saint-georges · Morey-saint-denis · Vosne-romanée · Côte-de-beaune · Côtes-du-rhône · Médoc et graves pas trop tanniques (mais pas trop vieux !) · Côte-rôtie · Saint-joseph · Châteauneuf-du-pape · Minervois.

■ Blanc

Un riesling peu minéral pactisera, sans plus, avec la viande et flirtera bien avec les navets.

Canard ou caneton braisé aux petits pois

Surtout s'ils sont nouveaux, les petits pois (qui auront flirté avec des petits oignons pendant la cuisson) s'entendront avec de jeunes bourgognes friands et avec des rouges de Loire ; mais on pensera aussi à des blancs répondant à l'aspect printanier du plat.

■ Rouge

Bourgueil · Saint-nicolas-de-bourgueil · Chinon · Côte-de-beaune · Beaune · Santenay · Ladoix.

■ Blanc

Pour l'accompagnement plus que pour le canard ! Côtes-de-provence · Alsace pinot blanc · Entre-deux-mers.

Canard à la rouennaise

Grande recette perpétuée par les grands restaurants, qui nécessite un canard étouffé, non saigné. Le sang resté dans la chair ou recueilli pour s'ajouter à la sauce donne une saveur particulière, appelant à un beau vin fortement constitué.

■ Rouge

Côte-rôtie · Cornas · Chambertin · Vosne-romanée.

Canard à l'orange

L'orange est très présente, mais le plat, qui mérite un grand vin s'il est préparé avec tact, n'a rien de douceâtre. Éviter les rouges trop tanniques comme les blancs trop acides, et surtout ne rien attendre des rosés.

■ Rouge

Graves • Pessac-léognan • Cahors (vieilli) • Crozes-hermitage • Bandol • Côtes-de-nuits • Gevrey-chambertin • Nuits-saint-georges • Côtes-de-beaune • Chinon.

■ Blanc

Sauternes • Barsac • Sainte-croix-du-mont • Loupiac • Monbazillac • Hermitage • Arbois • Vin jaune • Coteaux-de-l'aubance • Coteaux-du-layon • Gewurztraminer pas trop marqué par le fruit.

■ Une belle bouteille

Nuits-saint-georges : Domaine Henri Gouges • Crozes-hermitage : Domaine Étienne Pochon • Pessac-léognan : Château la Louvière.

Canard sauce aux truffes

Plutôt un rouge répondant aux truffes avec une aimable puissance. Le cépage mourvèdre convient à merveille, seul ou très présent (dans les vignobles d'encépagement complexe), mais il faut choisir un vin évolué. De toute façon, éviter les vins à la jeunesse agressive, quelle que soit l'AOC.

■ Rouge

Bandol, choisi racé • Châteauneuf-du-pape • Cahors (vieilli) • Peut-être un très bon irouléguy • Rioja.

■ Blanc

Un hermitage flirterait avec la truffe et ne serait pas trop contrariant avec le canard.

■ Une belle bouteille

Bandol : Château de Pibarnon • Cahors : Clos de Gamot.

Escalopes de foie gras de canard aux raisins

Il s'agit de délicat foie frais, juste cuit (rien à voir avec le foie gras en conserve), ce qui interdit l'opulence des grands sauternes, des chenins d'année très ensoleillée et des alsaces sélection de grains nobles. Les sommeliers des meilleurs restaurants proposent souvent des rouges, pour ne pas choquer la clientèle, bien que les accords parfaits soient rares. Éviter les bordeaux fortement tanniques et les vins nettement boisés ; chercher une généreuse rondeur.

■ Rouge

Médocs et haut-médoc vieux de cinq ou six ans au moins • Graves, également vieillis • Pomerol • Cahors et madirans le plus soyeux possible.

Blanc

Alsace pinot gris · Condrieu · Liquoreux issus du chenin, sans excès de sucre (vouvray, montlouis, coteaux-de-l'aubance et du layon, quarts-de-chaume) · Sauternes et barsacs sont souvent proposés : là aussi, la richesse en sucre risque d'être dommageable · Loupiac · Jurançon.

Une belle bouteille

Alsace pinot gris : Zind-Humbrecht · Médoc : Château Sociando-Mallet.

Pourquoi pas ?

Champagne assez vineux (plutôt issu du pinot noir) · Porto ou banyuls discrets.

Escalopes de foie gras de canard aux pommes

À peu près les mêmes vins que pour le foie aux raisins, mais les rouges, quoique très acceptables, sont moins conseillés.

Blanc

Voir notice précédente : presque le même choix. S'intéresser aux anjous moelleux encore jeunes, équilibrant bien l'acide et le sucré (coteaux-du-layon et de l'aubance, bonnezeaux, quarts-de-chaume), ainsi qu'aux vouvrays et aux montlouis de proche caractère.

Rouge

Vins du Sud-Ouest assagis par l'âge. En Bourgogne, on peut penser à un santenay, à un ladoix, à un beaune, voire, si l'on se met en frais, à un beau volnay « encore sur le fruit rouge ».

Dodine de canard

Dans le Sud-Ouest, en Touraine et en Bourgogne, cette minutieuse et accaparante préparation de canard désossé fait plus ou moins partie des spécialités régionales (attention : elle diffère de la préparation de grande cuisine dite « canard à la dodine »). Servie froide, elle demande plutôt un (beau) vin blanc. Chaude, elle va avec bourgognes et côtes-du-rhône.

Blanc

Meursault · Montrachet · Pouilly-fuissé.

Rouge

Côte-de-beaune · Côte-de-nuits · Côte-rôtie · Châteauneuf-du-pape.

Canard laqué

Le soja flirte, dans la sauce, avec cinq-épices et miel liquide ; le gingembre ne cache guère sa présence, le glutamate renforce les saveurs. Les vins à tendance liquoreuse sont les bienvenus, à condition que la présence du sucre ne soit pas écrasante et que l'acidité soit suffisante.

■ Blanc

Alsace pinot gris · Coteaux-de-l'aubance · Bonnezeaux · Quart-de-chaume · Jurançon.

■ Rouge

Bandol · Palette · Patrimonio.

■ Et aussi...

Banyuls, maury et rivesaltes sont parfois préconisés par les sommeliers de pointe (Didier Bureau et Alain Senderens ont conseillé les premiers la rencontre d'un vin doux naturel avec un canard épicé).

Caneton rôti à la broche

Cette cuisson étant réservée à la volaille très tendre, un bordeaux élégant peu tannique ou aux tannins fondus fera l'affaire, si l'on ne joue pas la Bourgogne.

Les cahors et madirans s'assortiront mieux vieillis que débouchés dans leur abrupte jeunesse. On peut aussi songer à certains rouges du Val de Loire (a priori, pas de gamay).

■ Rouge

Médoc · Haut-médoc · Pomerol · Graves · Pessac-léognan · Cahors · Madiran · Côte-de-nuits · Côte-de-beaune · Chinon · Bourgueil.

Caneton ou canard simplement rôti au four

À peu près les mêmes vins qu'à la broche. On admettra, éventuellement, davantage d'astringence et l'on recherchera une certaine puissance, de la plénitude.

■ Rouge

Voir rubrique précédente · Côte-de-nuits · Marsannay · Gevrey-chambertin · Nuits-saint-georges · Volnay · Ladoix · Santenay · Monthélie · Côtes-du-rhône villages · Châteauneuf-du-pape · Lirac · Faugères · Coteaux-du-languedoc généreux.

■ Une belle bouteille

Gevrey-chambertin : Moillard · Faugères : Gilbert Alquier-Les Bastides ou Maison jaune.

Magret de canard grillé

Autrefois réservé au confit, le magret de canard gras connaît une vogue exceptionnelle depuis une trentaine d'années. Servi saignant, il est délicieux poêlé à nu, peau retirée, ou simplement grillé, d'abord côté peau, sans aucune matière grasse. Mais on peut se régaler d'un magret au jus d'herbes et aux cèpes, d'un magret au beurre d'escargot, d'un magret à l'aigre-doux ou au poivre vert (voir notice suivante).

Cela suggère de larges choix, les rouges du Sud-Ouest restant en tête malgré la concurrence des vins de la vallée du Rhône et du Midi (éviter ici et là les vins trop adoucis par l'âge). Les blancs sont hors-jeu, les rosés peu conseillés.

Rouge

Madiran · Côtes-de-saint-mont · Côtes-de-buzet · Cahors · Haut-médoc · Médoc · Saint-estèphe · Montagne-saint-émilion · Fronsac · Cornas · Saint-joseph · Gigondas · Châteauneuf-du-pape · Lirac · Bandol · Corbières · Collioure.

Une belle bouteille

Cahors : Clos Triguedina-prince Probus · Châteauneuf-du-pape : Domaine de la Janasse.

Magret de canard au poivre vert

André Daguin, qui fit beaucoup pour la promotion de la Gascogne, lança le magret au poivre vert, maintenant banal au restaurant.

Trop présent – question de choix et de dosage –, le poivre contrarie les bordeaux, à leur place seulement quand le plat est équilibré (la touche de crème doit arrondir l'expression du poivre, qui gagne à être choisi parfumé, non « explosif »).

Rouge

Graves · Haut-médoc · Médoc · Listrac · Moulis · Gigondas · Anjou villages · Saint-joseph.

Une belle bouteille

Cahors : Château Lagrezette · Madiran : Domaine Berthoumier.

Confit d'oie ou de canard

Provenant, comme le foie gras, des volailles engraissées, le confit doit sa succulence à une longue cuisson dans sa graisse, mais l'accompagnement s'impose souvent, qu'il s'agisse de pommes sautées à cru, genre sarladaises, ou de cèpes. Le sel se fait parfois trop sentir.

Choisir des vins dits « virils », assez puissants pour occuper la bouche sans redouter la confrontation avec l'ail, mais ne pas espérer d'accords grandioses. Vins, notamment cahors et madirans, vieux d'au moins cinq ou six ans.

Rouge

Madiran · Cahors · Côtes-de-saint-mont · Irouléguy · Fronton · Bergerac · Côtes-de-bourg · Premières-côtes-de-blaye · Fronsac · Pomerol · Graves · Médoc · Côtes-du-rhône.

Rosé

Recommandable avec le confit froid, s'il est bien structuré. Irouléguy · Marsannay · Bandol.

Pourquoi pas ?

Un champagne assez vineux.

Une belle bouteille

Madiran : Château Montus · Cahors : Prestige Château du Cèdre.

Oie rôtie

L'oie, à qui cuisiniers et conserveurs réservent tant de succulentes destinées, est surtout cuisinée entière pendant les fêtes. Elle mérite un beau vin ni trop tannique, ni trop atténué par l'âge.

■ Rouge

Haut-médoc · Médoc · Listrac · Moulis · Pomerol · Graves · Pessac-léognan · Cahors · Madiran · Côte-de-nuits · Gevrey-chambertin · Nuits-saint-georges · Morey-saint-denis · Côte-de-beaune · Côte-rôtie · Corbières · Chinons et bourgueils seront, eux, choisis relativement tanniques.

■ Une belle bouteille

Moulis : Château Maucaillou · Chinon : Château de la Grille.

Oie farcie aux marrons

Savoureuse douceur, que peut rehausser un trait de raifort. Là aussi, boire rouge. Accords heureux avec les bordeaux dont les tanins prêts à se fondre sont encore marqués.

■ Rouge

Tous les vins convenant à l'oie rôtie. Prêter attention aux côte-rôtie assez corsés.

■ Une belle bouteille

Haut-médoc : Château Sociando-Mallet · Médoc : Château La Tour de By.

Oie à l'alsacienne

Farcie de chair à saucisse, l'oie rôtie est servie sur un beau lit de choucroute... L'on peut incliner pour un alsace pinot gris, alsace s'entendant avec le chou comme avec l'oie et la farce, voire pour un simple pinot blanc, mais il y a gros à parier que la majorité des convives soient tentés par un rouge.

■ Blanc

Alsace pinot gris · Pinot blanc assez ample · Riesling pas trop « minéral ».

■ Rouge

Pinot noir particulièrement charpenté · Rouges cités dans les notices précédentes.

Cous d'oie farcis

Froid ou chaud, un apprêt utilisé comme le confit. C'est solide, rustique : privilégier les rouges d'une certaine rondeur, le caractère plus que la finesse. Le tanin, cependant prié de ne pas être agressif, participe profitablement à la rencontre.

■ Rouge

Madiran · Cahors · Côtes-de-saint-mont · Irouléguy · Fronton · Bergerac · Côtes de bourg · Premières-côtes-de-blaye · Fronsac.

Canard sauvage ; colvert ; salmis de canard ; grouse. Voir Gibier, p. 72.

Foie gras au naturel, terrine de foie gras, pâté de foie gras truffé, mousse de foie gras. Voir Foie gras, charcuteries diverses, p. 26.

DINDE, DINDONNEAU

Festive quand elle est rôtie entière, la dinde à la succulente délicatesse dirige vers des rouges coulants, souples : les tanins peuvent avoir marqué le vin et contribué à son caractère, mais doivent avoir abandonné le devant de la scène. Un bon vin, peut-être une belle bouteille ! On fera preuve de beaucoup moins d'ambition s'il s'agit de découpe, escalopes, cuisses ou filets.

DINDE AUX MARRONS OU AUX CHÂTAIGNES

Mêmes conseils pour la dinde ou le dindonneau aux marrons que pour l'oie ainsi préparée. Vin assez corsé, mais pas alcooleux ; tanins bien fondus.

■ Rouge

Haut-médoc · Médoc · Listrac · Moulis · Pomerol · Graves · Pessac-léognan · Cahors · Madiran · Chambertin · Nuits-saint-georges · Morey-saint-denis · Côte-de-nuits · Côte-de-beaune · Côte-rôtie · Cornas · Saint-joseph · Corbières · Chinon · Bourgueil · Sancerre.

■ Une belle bouteille

Côte-rôtie : Marcel Guigal · Moulis : Château Chasse-Spleen.

DINDE FARCIE FORESTIÈRE

Farcie de foies de volaille, de jambon, de chapelure, d'un rien de truffes, de pignons (nombreuses variantes possibles), la dinde lentement cuite au four appelle des vins différents, selon préparation et accompagnement. La plupart de ceux qui sont issus du mourvèdre, notamment, conviennent.

■ Rouge

Corbières · Minervois · Faugères · Bandol · Cassis · Côtes-de-provence · Coteaux-d'aix · Palette · Côtes-du-rhône.

ESCALOPE DE DINDE PANÉE

Vite fait, vite cuit. Et risque de quelque sécheresse. Ne pas chercher de vins complexes ni vieillis. Préférer les blancs bien secs au fruité retenu.

■ Rouge

Sancerre · Beaujolais villages (préférés un rien austères) · Alsace pinot noir · Côtes-du-ventoux · Anjou villages · Bourgueil · Côtes-de-castillon.

■ Blanc

Alsace pinot blanc · Coteaux-de-l'ardèche · Côtes-de-saint-mont.

Blancs de dinde à la crème

Guère de mésalliances avec les blancs pas trop acides (liquoreux bien sûr exclus). Bon accord quasi garanti avec les vins secs ou secs tendres issus du chenin.

■ Blanc

Meursault · Mâcon · Saint-véran · Beaujolais blanc · Viognier de l'Ardèche · Savennières · Anjou · Vouvray et montlouis demi-secs · Sancerre.

■ Pourquoi pas ?

Cidre · Poiré.

Escalope de dinde au curry

À peu près les mêmes vins que précédemment. Privilégier les secs tendres, côté chenin, mais penser aussi aux alsaces.

■ Blanc

Meursault · Mâcon · Saint-véran · Beaujolais blanc · Viognier de l'Ardèche · Savennières · Anjou · Vouvray et montlouis demi-secs · Sancerre · Savennières · Coteaux-de-l'aubance · Alsace pinot gris · Gewurztraminer pas exagérément fruité.

■ Rouge

Alsace pinot noir · Saint-joseph · Crozes-hermitage.

Rôti de dindonneau

Comme pour la dinde, en se mettant moins en frais.

■ Rouge

Bordeaux génériques de qualité · Haut-médoc · Médoc · Anjou villages · Beaujolais villages · Côtes-du-rhône léger.

■ Rosé

Pas l'idéal, mais un rosé assez costaud et d'aimable fruité passerait (tavel haut de gamme, bandol, bon irouléguy).

Pintadeau, pintade

Jadis mets rare, la pintade apparaît en force sur les marchés, dans les grandes surfaces (cette volaille un peu sauvage, à qui il faut de l'espace, fait maintenant l'objet d'un élevage important). La pintade adulte, surtout préparée comme la poularde ou en fricassée, appelle des vins plus « forts » que le tendre pintadeau, souvent rôti ou simplement apprêté comme le poulet.

Pintadeau rôti

Grosso modo, on le traitera comme le poulet. S'écarter des vins trop charpentés.

■ **Rouge**
Anjou villages · Saumur-champigny · Chinon · Bourgueil · Saint-nicolas-de-bourgueil · Touraine gamay · Sancerre · Bourgogne (plutôt côte-de-beaune) · Mercurey · Rully · Givry · Alsace pinot noir · Arbois · Beaujolais villages · Brouilly · Saint-amour · Côtes-du-rhône villages · Cornas · Saint-joseph · Bordeaux supérieur.

■ **Rosé**
Marsannay · Alsace pinot noir.

■ **Pourquoi pas ?**
Cidre pas douceâtre.

Pintadeau à la normande

Le parfum du calvados, la crème fraîche : nous opterons pour un cidre nerveux. Mais le vin n'est pas interdit. Pour nous, un blanc net, pas exagérément fruité, pas forcément très sec.

■ **Blanc**
Anjou sec tendre · Savennières · Alsace pinot gris.

■ **Pourquoi pas ?**
Cidre bouché très envisageable. Le plus sec, le plus « brut » possible.

Pintade au chou

Plutôt du vin rouge, pour beaucoup – pas trop riche, de grâce ! – mais le blanc nous séduit davantage. (Avec de la choucroute... l'on irait sûrement vers le blanc, mais c'est une autre histoire, d'entre Vosges et Rhin).

■ **Rouge**
Sancerre · Reuilly · Saint-pourçain · Alsace pinot noir (« vinifié rouge ») · Brouilly · Fleurie.

■ **Rosé**
Sancerre · Alsace pinot noir.

■ **Blanc**
Savennières · Meursault · Graves.

Pintade au paprika

L'on peut traiter la pintade fermière de qualité comme la poule faisane. En rêvant au beau vin blanc qui ajoutera au plaisir.

■ **Blanc**
Alsace pinot gris · Châteauneuf-du-pape · Graves · Savennières.

■ **Rouge**
Pas notre choix, mais on peut se satisfaire de médocs et de graves souples, penser au volnay, au santenay.

■ **Une belle bouteille**
Suggestions d'Émile Jung, le « trois étoiles » de Strasbourg *(Le Crocodile)* : l'alsace pinot gris de Léon Beyer (Eguisheim) ; le châteauneuf-du-pape du Domaine de Nalys.

Pigeonneau simplement rôti

Pour le tendre pigeonneau d'à peine un mois, aller vers des vins relativement souples et ronds, dont les tanins caressent. Le choix est vaste ! Se méfier, dans le Bordelais, des beaux vins puissants aux élégances astringentes.

Rouge

Bordeaux · Médoc · Haut-médoc · Saint-julien · Pauillac · Pomerol · Pessac-léognan · Bourgogne · Savigny-lès-beaune.

Une belle bouteille

Médoc : Château Les Ormes-Sorbet · Savigny-lès-beaune : Domaine du Prieuré.

Pigeonneau à la crapaudine

Aplati « comme un crapaud », fréquemment servi avec un beurre maître d'hôtel ou une sauce diable, la volaille grillée, parfois panée, mérite un rouge de caractère. La sauce diable peut faire songer à un blanc bien sec d'une certaine puissance. Peu orthodoxe, le choix d'un bourgogne ne nous choquerait pas.

Rouge

Beaune · Savigny · Mercurey · Rully · Givry · Pinot noir · Sancerre · Corbières · Minervois · Fitou · Médoc.

Blanc

Peut-être un meursault.

Pigeon aux olives

Forte chiquenaude des olives ou tranquille clin d'œil à la Provence, pas trop appuyé ? Cela influera. Les petites olives noires défient bien des vins et se bagarrent avec le tanin.

L'affrontement n'est pas forcément déplaisant, mais ne facilite pas la dégustation.

Rouge

Côtes-du-rhône villages · Gigondas · Lirac · Côteaux-d'aix · Chianti.

Rosé

Puissant et de bonne structure. Tavel · Irouléguy.

Pigeon aux petits pois

Plutôt un rouge relativement léger, frais. Les petits pois peuvent donner au plat un air printanier faisant incliner vers un blanc guilleret, pas trop acide.

Rouge

Anjou villages · Beaujolais villages · Touraine gamay · Bourgogne générique.

Blanc

Bourgogne · Givry · Mâcon · Saint-véran · Beaujolais.

Saveurs d'ici, saveurs d'ailleurs

Saveurs de France, saveurs du monde... À côté des grands plats nationaux – souvent élaborés avec des produits originaires d'autres continents, haricots, tomates, pommes de terre, épices et autres –, à côté des recettes typiquement régionales, la carte des mets dorénavant familiers comporte le couscous, les tajines, la paella, les variations asiatiques sur le curry... De Dunkerque à Bayonne, de Brest à Nice, le mangeur du XXI*e siècle a le choix entre le petit salé aux lentilles et le chili con carne, le cassoulet et l'osso buco. La mondialisation s'accentue sans que le patriotisme culinaire tricolore s'offusque, à quelques diatribes anti-fast food près. Est-il un Français qui considère encore les lasagnes comme un plat étranger ?*

Les grands chefs représentatifs de la haute gastronomie, ceux qui réinventent la cuisine sans renier bases et traditions, font leur marché dans tout l'Hexagone... et le tour du monde. Les recettes venues d'ailleurs inspirent de nouveaux plats, ou sont tranquillement naturalisées, un peu adaptées parfois. L'agro-alimentaire et une multitude de restaurants « étrangers » mettent le grand public dans le coup. Le bœuf bourguignon et les plats de grand-maman, revenus en force grâce au sous-vide et au surgelé, voisinent dans les supermarchés avec des plats exotiques rares il y a vingt ans.

Ce chapitre très français et très étranger reflète la tendance actuelle, faussement contradictoire, faisant coexister la cuisine dite du terroir avec celle de pays aux coutumes alimentaires parfois très différentes. Du moins pour les mets, puisque ce livre les assortit à des vins français. Demain, l'Hexagone comptera davantage avec les vins de la planète naguère connus des seuls initiés, à l'exception de certains produits italiens, des riojas d'Espagne, de la production inégale d'Afrique du Nord, des tokays hongrois, de quelques bouteilles suisses, grecques ou portugaises.

Des vins parfois déconcertants, souvent très bons, voire superbes, nous arrivent du Chili, d'Argentine, des États-Unis, de Nouvelle-Zélande, d'Australie, d'Afrique du Sud. On apprend que l'Autriche est une nation viticole, que les États-Unis offrent bien des terroirs aux cépages, pas seulement en Californie. Ils figurent sur les cartes de quelques restaurants élitistes, à la vitrine des meilleurs cavistes. Certains apparaissent irrégulièrement dans les grandes surfaces.

En attendant que les meilleurs vins étrangers s'achètent facilement, à des prix compétitifs – c'est pour demain –, nous allions les grands « plats complets » immigrés, et parfois naturalisés, avec des vins français, en faisant, ici et là, de fugitifs rappels des vignobles lointains, voire des antipodes.

Plusieurs plats régionaux et des plats pouvant, occasionnellement, être considérés comme plats complets (cela dépend de la générosité des portions, de l'abondance de la garniture) sont évoqués dans les chapitres *Poisson, Volaille, Bœuf, Porc*.

Quelques grands plats français

Garbure

Potée béarnaise, des pays de l'Adour et des Landes, la garbure associe l'oie ou le canard confit à un bouillon de légumes, plutôt d'hiver, au chou, et souvent au jambon séché (on peut également jouer sur le porc salé, avec ce grand cuisinier aux accents régionalistes qu'est Christian Parra)... Cette soupe-plat, véritable repas complet, s'entend avec tous les vins costauds amis du confit, rouges de bonne tenue sympathiquement tanniques, rosés ayant assez de coffre et de vigueur pour résister au gras. Pour la soif, et seulement pour la soif, on peut, à l'extrême rigueur, penser à un blanc sympa, assez robuste, ni trop acide ni chargé de sucre résiduel : il se laissera boire « sans s'en apercevoir », comme rendu fantomatique par les saveurs puissantes du plat.

■ Rouge

Servi assez frais. Béarn · Madiran · Irouléguy · Côtes-de-saint-mont · Buzet · Cahors · Gaillac « de garde » · Bergerac · Pécharmant · Graves · Saint-émilion · Premières-côtes-de-blaye · Côtes-de-bourg.

■ Rosé

Irouléguy · Béarn · Bordeaux clairet.

Blanc

Guère à propos. Irouléguy · Béarn · Tursan · Entre-deux-mers.

Une belle bouteille

Valable aussi pour les confits, d'oie, de canard et de porc autrement apprêtés · Irouléguys : Domaine Ilaria, Domaine Etxegaraya, Domaine Arretxea (rouge et rosé), Domaine Brana · Cahors : Château Gautoul, Château Lagrezette, Château Lamartine · Madirans : Château Montus, Château d'Aydie, Domaine Berthoumieu, Domaine de Pierron-Cave de Saint-Mont · Bergeracs : Domaine Moulin des Dames, Château de la Colline · Côtes-de-bourg : Château Brulesecaille, Château Terrefort-Bellegrave.

Cassoulet

De Castelnaudary, de Carcassonne ou de Toulouse ? À chacun son vrai cassoulet, le toulousain paraissant plus conventionnel : le rustique et nourrissant régal n'est pas codifié. Les haricots, particulièrement les tarbais, à peau tendre et à chair fine, les cocos ou d'autres variétés absorbent les saveurs de deux ou trois viandes, des mancherons ou des ailerons d'oie ou de canard, du gésier, de la couenne de porc. Cela emplit et tapisse la bouche, le vin doit décaper – avec quelque élégance ! Corsé, il affirme un fort tempérament : les gentils petits vins au fruité amusant n'ont pas à se dandiner devant un cassoulet. Un rouge solide, de ceux dont on se régale aussi avec la garbure ou quelque confit-pommes sautées...

Rouge

Voir notice précédente. Graves robustes · Canon-fronsac · Côtes-de-francs · Côtes-de-castillon · Gaillac (plutôt les vins issus du merlot) · Fronton.

Une belle bouteille

Voir notice précédente. Pécharmant : Domaine des Costes · Buzet : Cave des Vignerons de Buzet (cuvées haut de gamme) · Canon-fronsac : Château Grand Renouil, Château Pey-Labrie · Côtes-de-castillon : Château de Belcier · Gaillac : Cave de Trécou (Cuvée Passion) · Fronton : Château Bellevue-la-Forêt.

Aïoli

Acteur important de la gastronomie française, l'ail blanc, gris ou rosé est, avec l'huile d'olive, le condiment essentiel de la cuisine provençale. La mayonnaise qu'il fait chanter si fort – l'aïoli proprement dit, blond et embaumant – a donné son nom à un plat glorieusement méridional... sans recette bien déterminée.

Servie dans le mortier où elle a été fouettée ou dans quelque caquelon, la sauce renforce puissamment la morue dessalée, les escargots, les bulots et les bigorneaux, les œufs durs, les pommes de terre, les carottes, les haricots verts, les topinambours... Les produits participant au festival du « grand aïoli » changent selon le marché et les recettes locales, voire familiales, mais l'ail et l'huile d'olive chantent, dictant leur loi au vin.

Nous inclinons fortement vers les blancs, notamment apparentés au célèbre hermitage, mais certains rosés fonctionnent bien (il leur faut avoir du nerf et ne pas se laisser écraser). Les rouges risquent de multiplier les escarmouches avec la morue, les bigorneaux, les haricots verts et l'œuf dur.

■ Blanc

Crozes-hermitage • Hermitage • Saint-joseph • Saint-péray • Châteauneuf-du-pape • Lirac • Côtes-de-provence • Palette • Cassis • Bandol • Bellet • Patrimonio.

■ Rosé

Possible, sans plus. Tavel • Lirac • Côtes-du-luberon • Coteaux-d'aix • Cassis • Bandol • Patrimonio • Saint-chinian • Bordeaux clairet.

■ Rouge

Plutôt déconseillé. Servir frais si l'on prend le risque. Lirac • Vacqueyras • Côtes-du-ventoux • Fitou.

■ Une belle bouteille

Elle peut aussi être bue avec bouillabaisse et bourride • Hermitages : M. Chapoutier, Jean-Louis Grippat • Hermitage, crozes-hermitage, saint-joseph et saint-péray : Cave de Tain-l'Hermitage • Saint-joseph, saint-péray : Bernard Gripa • Saint-péray : Domaine Rochepertuis • Cassis : Clos Sainte-Magdeleine, La Ferme Blanche, Château de Fontcreuse • Palette : Château Simone • Côtes-de-provence : Clos Mireille-Domaine d'Ott, Château d'Esclans • Bellets : Château de Bellet, Château de Crémat • Patrimonios : Domaine Leccia, Domaine Antoine Arena • Coteaux-du-languedoc : Mas Bruguière.

Bouillabaisse

Une grande spécialité régionale, somptueuse bien réalisée, que l'huile d'olive et l'ail marquent fortement, en compagnie du safran, du fenouil et des tomates. Jadis fruste régal des pêcheurs ayant tiré leur bateau sur une grève, puis soupe-et-plat du dimanche au cabanon, la bouillabaisse de Marseille et des calanques reflète les talents, les humeurs et les moyens des chefs et des cordons-bleus. « Chacun peut apporter son style, notait Curnonsky. Mais il faut des poissons de roche de la côte méditerranéenne... » Rascasse, araignée ou vive, rouget-grondin, baudroie et chapon sont souhaités dans la marmite, ainsi que cigales de mer et petits crabes (la langouste, qui ne gagne rien à être dégustée dans ces conditItions quand elle est belle, s'avère éminemment facultative). La rouille, de rigueur, est souvent élaborée à partir d'un aïoli. Colorée par safran et piment fort, elle illumine la soupe d'or et exige des vins ayant de la personnalité. Grosso-modo, ceux de l'aïoli.

■ Blanc

Voir Aïoli, p. 150. Si l'on renonçait, peut-être à tort, au régionalisme : alsace pinot blanc, chablis, mâcon.

■ Rosé

Envisageable, sans plus. Coteaux-d'aix · Côtes-de-provence · Bandol · Corbières.

Bourride

Aussi languedocienne que provençale, c'est une « bouillabaisse blanche » réunissant lotte, colin, merlan et loup notamment (la lotte accapare l'« authentique bourride sétoise »). Délayé dans le court-bouillon, l'aïoli est proposé dans une saucière. Il nappe généreusement l'assortiment de poissons blancs dressé à part. Rester, quant au vin, dans la tonalité « bouillabaisse », sans chercher la grande bouteille.

■ Blanc-Rosé

Voir Aïoli, p. 150 ; Bouillabaisse, ci-contre.

Stockfish (Estoficada)

À base de morue, dessalée longuement avant utilisation, un plat niçois à la savoureuse lourdeur. Le poisson au goût fort cuit dans un poêlon avec des oignons, de l'ail et de la tomate, le tout mouillé de vin blanc. C'est costaud. Le vin, de préférence l'un des blancs de l'aïoli et de la bouillabaisse, n'a pas à se hausser du col devant ce redoutable régal : inutile de choisir une bouteille que l'on voudrait « déguster ».

■ Blanc-Rosé

Voir Aïoli, p. 150 ; Bouillabaisse, ci-contre.

■ Pourquoi pas ?

Un muscadet nerveux.

Choucroute garnie

La choucroute traditionnelle est cuite avec un bon alsace, acide juste ce qu'il faut, à l'occasion avec un riesling au goût légèrement minéral (l'emploi de champagne lors de la cuisson n'est pas significatif, mais une petite tombée de bulles, juste avant de servir, apporte un « léger plus », au moins psychologique). Le plat copieux des jours festifs, accessoirement plat de dépannage facilement mis en œuvre – mieux vaut connaître le charcutier ! –, est traditionnellement servi avec des charcuteries, dont le nombre varie : saucisses de Strasbourg, jambonneau, palette de porc fumée, lard fumé, éventuellement quenelles de foie...

L'usage veut qu'un blanc d'Alsace soit systématiquement proposé.

Il doit avoir un bon contact avec la choucroute, d'ailleurs cuite au vin blanc, mais aussi désaltérer : même au fort de l'hiver, ce grand plat servi fumant donne soif. Choisir un vin relativement léger, sans trop de fruité, qui prouve son caractère sans monopoliser l'attention (pas de vins charpentés genre grand bourgogne blanc, ni de secs tendres ; fuir le sucre résiduel, qui amollit souvent les alsaces souhaités secs).

Rosés et rouge légers font un peu figure d'intrus, mais les Alsaciens les acceptent… s'ils sont du pays. Un alsace pinot noir, plus ou moins rouge, bu frais, garde ses distances avec la choucroute elle-même, mais s'acoquine bien avec la charcuterie.

■ Blanc

Riesling vif • Pinot blanc • Sylvaner, qui risque d'être fluet • Petit-chablis • Mâcon • Un sancerre ? Avec prudence.

■ Rosé

Alsace pinot noir.

■ Rouge

Alsace pinot noir.

■ Une belle bouteille

Rieslings, alsaces pinot gris, pinot blanc : Léon Beyer, Trimbach, Domaine Josmeyer, Domaine René Muré-Clos Saint-Landelin, Domaine Paul Blanck, Domaine Marcel Deiss, cave de Pfaffenheim, Domaine Frédéric Mochel, Domaine Jean-Claude Beck, Domaine Ostertag, Domaine Klipfel, Domaine Marc Kreidenweiss.
Alsaces pinot noir : Mosbach (Vorlauf), Domaine René Muré.

■ Et aussi…

Une bière d'Alsace. Jubilator de Schutzenberger • Ackerland de Météor.

Choucroute au poisson

La choucroute au poisson est à la mode depuis une vingtaine d'années. Elle n'était pas ignorée, jadis, mais fut totalement oubliée jusqu'à sa réinvention par Guy-Pierre Baumann, Alsacien qui l'imposa à Paris, avec de nombreuses variantes, puis la réintroduisit dans son pays natal (œuvrant encore à l'historique maison Kammerzell, il a été beaucoup et souvent mal copié). À peu près les mêmes blancs que pour la choucroute garnie (nous favoriserions plutôt un petit riesling bien fait, bien sec).

■ Blanc

Voir Choucroute garnie, p. 152. Un sancerre conviendrait si la présence de poisson fumé se faisait sentir.

Baeckeoffe

Bäckeoffe, backeoffe (avec ou sans tréma sur le a), bækoffa, bækenoffa, bækaoffe, peu importe la transcription, qui varie d'un village à l'autre, d'une famille à l'autre. Le nom désignait le four du boulanger, dans lequel cuisait autrefois cette potée de viandes (bœuf, porc, mouton ou agneau), de pommes de terre et d'oignons typiquement alsacienne, puis resta attaché au plat lui-même, apporté aux convives dans la terrine en poterie joliment ornementée qui demeure hermétiquement close jusqu'au moment du service. Un vin rustique, franc et net, agréablement désaltérant. D'accent alsacien presque à coup sûr !

■ Rouge

Alsace pinot noir · On pourrait aussi songer à un graves peu tannique, à un jeune bandol... mais ce serait déplacé !

■ Rosé

Alsace pinot noir.

■ Blanc

Edelzwicker, s'il est bon · Pinot blanc · Riesling.

Chou farci

Un plat complet de presque toutes les régions et de bien des familles. Parfois une façon d'utiliser des restes de viande rôtie ou braisée... Les feuilles d'un gros chou vert, du jambon, du lard de poitrine, de la chair à saucisse, parfois du veau haché : la recette varie avec les cuisinières et les livres de cuisine. Des rouges légers, plutôt gamay, des rosés pas trop pâles, des blancs secs, équilibrés, ne s'imposant qu'avec un petit goût de cépage : le vin, pas spécialement valorisé, ne sera à la fête que s'il se laisse boire facilement.

■ Rouge

Touraine gamay · Beaujolais · Beaujolais villages · Côte-roannaise · Côtes-du-rhône villages · Côtes-du-luberon.

■ Rosé

Sancerre · Côtes-d'auvergne · Tavel · Minervois · Corbières · Bordeaux clairet · Alsace pinot noir.

■ Blanc

Touraine sauvignon · Saint-pourçain · Bordeaux sec de qualité · Alsace pinot blanc.

Pot-au-feu

Populaire et bourgeois, symbole de la France profonde, apprécié de toutes les générations – il y a l'embarras du choix en sous-vide, et les grandes surfaces vendent des légumes préparés –, le pot-au-feu associe le gras, le maigre et le gélatineux, le bœuf et parfois la volaille, voire le veau et le porc, avec les carottes, les navets, les poireaux, l'oignon généralement clouté de girofle... Potage et plat, il s'apprête selon la région, la saison, le désir de telle ou telle viande, et peut changer de dénomination au gré des langages locaux : le hochepot du Nord et le mourtayrol auvergnat sont de la famille ! Qu'il soit « à la jambe de bois » (la préférence de Bocuse, avec l'os du jarret cuit) ou autre, ce repas à lui seul appelle le gros sel, le poivre du moulin, les cornichons, le raifort et la moutarde.

Il lui faut des compagnons allègres, gouleyants ou robustes, se laissant boire sans cinéma : la gamme des AOC invitées à la table des amis est large et comprend les vins nouveaux. La liste suivante laisse deviner notre penchant pour le gamay, pas seulement le cépage du Beaujolais, mais qui se promène d'Anjou à Bandol : c'est dire combien le grand plat réalisé à la bonne fortune du pot est œcuménique... Seuls les blancs n'y trouvent pas leur compte.

■ Rouge

Servir assez frais. Beaujolais • Beaujolais villages • Crus du Beaujolais • Côte-roannaise • Chanturgues • Nuits-saint-georges • Beaune • Santenay • Mercurey • Mâcon • Côtes-du-rhône villages • Sancerre • Touraine gamay • Anjou gamay • Saumur-champigny • Chinon • Bourgueil • Saint-nicolas-de-bourgueil • Bergerac • Alsace pinot noir • Bandol • Coteaux-du-languedoc • Corbières.

■ Rosé

Risque d'être un peu éclipsé s'il manque de caractère. Rosé des Riceys • Sancerre • Reuilly • Saint-pourçain • Corbières.

■ Blanc

Il n'y a pas lieu d'en proposer, mais pas choquant s'il est sec • Petit-chablis • Mâcon • Saint-véran.

■ Une belle bouteille

Ces vins peuvent aussi être débouchés avec le hachis parmentier et de nombreux plats du chapitre Bœuf. Beaujolais : Domaine du Vissoux • Beaujolais villages et morgon : Domaine Dominique Piron, Domaine Jean-Charles Pivot • Beaujolais nouveau, beaujolais villages, chénas et moulin-à-vent : Maison Georges Dubœuf • Saint-pourçain : Union des Vignerons de Saint-Pourçain • Côtes-d'auvergne boudes : André Charmensat • Saint-pourçain : Domaine de Bellevue-Jean-Louis Pétillat • Gamay de touraine : Domaine de la Charmoise • Sancerre : Domaine Vincent Pinard, Domaine Alphonse Mellot • Saumur-champigny : Cave des vignerons de Saumur • Bourgueil : Domaine Druet • Coteaux-du-languedoc : Prieuré de Saint-Jean-de-Bébian, Mas Jullien • Corbières rosé : Château Haut-Gléon • Rosé des Riceys : Domaine Pascal Morel • Sancerre : Domaine de la Perrière-Guy Saget.

HACHIS PARMENTIER

Sous la chapelure, et arrosé de beurre fondu, un mélange de bœuf haché et de purée de pommes de terre, grand « plat unique » délicieusement nourrissant. Un plat archifamilial, autrefois – une façon savoureuse d'accommoder les restes –, dont la permanence doit beaucoup aux barquettes empilées dans les grandes surfaces. Du moelleux, une bonne mise en valeur de la viande par la pomme de terre, surtout si l'on n'a pas abusé du beurre. Tous les vins du pot-au-feu, parmi lesquels nous privilégions les enfants du gamay (beaujolais) et du pinot noir (sancerre, alsace pinot noir), voire du gamay et du pinot noir tels qu'ils sont parfois assemblés, comme à saint-pourçain.

■ Vins

Voir Pot-au-feu, p. 154.

■ Une belle bouteille

Voir Pot-au-feu, p. 154.

ALIGOT, SAUCISSES D'AUVERGNE (OU ANDOUILLETTE, OU TRIPOUS)

À la base, c'est simple, et onctueusement appétissant : les pommes de terre en robe des champs sont pressées, les lamelles de tomme se fondent dans la purée. Le mélange prend sa spectaculaire élasticité à la sortie de la cuisine : d'un geste ample, le préposé au service y plonge une spatule de bois, la tourne, la soulève vivement, faisant remonter un large ruban de purée vers le plafond ou les poutres. Cela prouve que l'aligot a la consistance voulue. Il restera souple.

En Auvergne, dans l'Aveyron, l'aligot-roi a souvent des saucisses pour alliées. Mais c'est aussi le bon compagnon des tripous – les tripes de mouton –, voire d'une belle andouillette (option proposée à *L'Ambassade d'Auvergne*, bon et rassurant restaurant parisien dont l'enseigne dit la vocation régionaliste). Quelle que soit l'association, porc ou mouton, l'ail fait acte de présence, sans insolence.

Il ne pose pas de problème au vin, traditionnellement un rouge aimablement rustique, qu'on ne laissera pas se réchauffer (le régionalisme le fait choisir dans le Massif central, où les vignerons et viticulteurs travaillent de mieux en mieux). Les rosés passent bien, et désaltèrent ; les blancs trop sages s'évanouissent dans la bouche sans avoir gêné ni fait spécialement plaisir.

■ Rouge

Servis bien frais. Côtes-d'auvergne • Châteaugay • Côtes-du-forez • Lirac • Corbières • Fitou • Collioure • Alsace pinot noir.

Rosé

Marsannay · Saint-pourçain · Côte roannaise · Fronton · Rosé des Riceys.

Quelques grands plats étrangers

Osso buco

Emblématique de la Lombardie gourmande, ce plat peut être davantage revendiqué par les Milanais... que l'escalope dite milanaise, mais il a depuis longtemps la double nationalité franco-italienne.

Facile à réaliser, il est proposé tout préparé dans les grandes surfaces. Le nom, « os à trou », dit que ce ragoût est fait avec des rouelles de jarret de veau non désossé, préparées au vin blanc sec avec des tomates épépinées et concassées, de l'oignon, des aromates et des épices (il existe une variante sans tomate). L'écorce d'orange ou de citron et le romarin apportent occasionnellement un parfum supplémentaire ; certains ajoutent un hachis de persil et d'ail.

L'osso buco, normalement offert avec des pâtes, du riz ou un risotto safrané, s'entend avec des rouges au fruit agréable, pas excessif, faciles à boire, mais assez denses. Il peut fraterniser avec des vins structurés plus présents en bouche, à condition, d'une part, que l'on n'ait pas forcé sur le citron, d'autre part qu'ils soient dénués d'astringence (en fait, le répertoire convenant au sauté de veau ou au poulet dits « marengo »).

Rouge

Côtes-du-rhône villages · Gigondas · Vacqueyras · Coteaux-du-tricastin · Côtes-du-ventoux · Les baux-de-provence · Coteaux-d'aix · Côtes-de-provence · Coteaux-varois · Bandol · Bellet · Vins de Corse · Patrimonio · Chinon · Alsace pinot noir.

Rosé

Tavel · Lirac · Les baux-de-provence · Côtes-de-provence · Bandol · Costières-de-nîmes · Patrimonio · Irouléguy.

Une belle bouteille

Côtes-du-rhône villages : Domaine de Cabasse · Vacqueyras : Domaine des Amouriers · Côtes-du-ventoux : Domaine de Fondrèche · Les baux-de-provence : Château Romanin, Domaine de Terres Blanches · Coteaux-d'aix : Château Calissanne · Patrimonio : Domaine Leccia, Antoine Arena · Alsace pinot noir : Pierre Frick, Rolly-Gassmann · Coteaux-varois : Château Routas · Costières-de-nîmes : Château de Campuget.

Et aussi...

Rouge : **Chianti classico · Bardolino · Dolcetto d'alba · Valpolicella haut de gamme.** Rosé : **Chiaretto del Garda (rosé du lac de Garde).**

Lasagnes ou tagliatelles à la bolognaise

Les pâtes alimentaires font penser à l'Italie – Marco Polo les auraient découvertes en Chine –, mais il y a des siècles qu'elles sont populaires en Provence, en Alsace, et elles sont couramment consommées dans toute la France depuis l'Empire. En principe servies en entrée, quand elles ne viennent pas en accompagnement, elles se font à l'occasion plat unique familial, pour lequel on ne cherche pas bien loin la bouteille à déboucher.

Les spaghettis à la bolognaise passent en France pour un simplissime plat italien, mais sont méprisés outre-Alpes. Si l'on désire faire un repas quasi complet avec un plat de pâtes (ce qui paraît bizarre dans la péninsule), mieux vaut s'intéresser aux lasagnes, aux cannellonis ou aux tagliatelles à la sauce bolognaise. Venues d'Émilie-Romagne, les pâtes ainsi préparées ont conquis la péninsule, franchi les Alpes. La vraie sauce bolognaise, *ragù* comportant parfois des cèpes, intègre, avec l'huile d'olive et le vin blanc sec, de la viande de porc et de bœuf hachée ou coupée en minuscules dés, des oignons, un peu de carottes, du céleri, facultativement un rien d'ail... La tomate, absente selon les canons traditionnels, s'est depuis longtemps invitée. Les lasagnes *al ragù*, ou lasagnes *al forno*, faisant alterner pâtes, bolognaise, re-pâtes et béchamel, font partie du répertoire culinaire courant, en France comme en Italie, grâce aux restaurants simples, italiens ou non, et aux supermarchés, rayon traiteur ou surgelés.

Plutôt un vin rouge, sachant répondre à la béchamel, à la tomate, au parmesan fraîchement râpé, mais ne monopolisant pas les papilles et désaltérant. On peut souhaiter un vin italien pour la couleur locale (il en est de merveilleux, les Français ne le savent pas assez), mais quantité de nos vins conviennent. Les rosés sont bienvenus. Les blancs, pas spécialement à leur aise, risquent de paraître évanescents ou de détonner, mais des vins secs, aimables, plus ou moins vifs, ne choquent pas.

■ Vins d'ailleurs

Chianti classico • Barbaresco • Barbera • Dolcetto Bardolino (un peu léger) • Barolo.

■ Rouge

Côtes-du-rhône villages • Coteaux-du-tricastin • Vacqueyras • Lirac • Côtes-de-provence.

■ Rosé

Tavel • Lirac • Bordeaux clairet • Sancerre • Menetou-salon • Marsannay.

■ Blanc

À la rigueur. Mâcon • Saint-véran • Côtes-de-provence.

Paella

La profonde poêle aux robustes poignées appelée paella a laissé son nom au plat, servi copieusement et fait pour que l'on se resserve, qui a conquis l'Espagne et a émigré dans le monde entier, devenant même spécialité de La Nouvelle-Orléans sous le nom de jambalaya.

Diverses recettes rivalisent d'authenticité : il en existe presque autant que de pays, sinon de familles... Riz, safran et huile d'olive sont indispensables. Trop souvent garnie de chorizo (encombrant chez les mauvais faiseurs), la paella peut comporter poulet, lapin, langoustines, coquillages. Les petits pois sont généralement présents, talonnés par les haricots verts. Ce côté composite pousse vers des vins fédérateurs ne se laissant pas intimider par l'assaisonnement, le plus souvent marqué. On choisira un rouge quand chorizo et viande s'imposent, mais on préférera le blanc pour répondre aux calmars, grosses crevettes, langoustines et coquillages, en cherchant une légère acidité.

■ Vins d'ailleurs

Rioja alta (Espagne), rouge ou rosé.

■ Rouge

Coteaux-du-languedoc • Faugères • Fitou • Corbières • Côtes-du-roussillon villages • Collioure • Gigondas • Côtes-du-ventoux • Coteaux-d'aix • Béarn et irouléguys souples.

■ Rosé

Côtes-du-rhône villages • Bandol • Corbières • Collioure.

■ Blanc

Muscadet • Entre-deux-mers • Graves • Sancerre • Alsace pinot blanc • Coteaux-du-languedoc (la clape, picpoul-de-pinet).

Chili con carne

Populaire en France, où il est souvent mal préparé, le chili con carne peut témoigner de délicatesse dans sa rusticité pimentée. Ce plat texan d'inspiration mexicaine, qui a depuis longtemps conquis les États-Unis, se trouve dans les supermarchés, sous diverses formes, et est proposé dans beaucoup de petits restaurants plus ou moins branchés ou économiques.

Le chile con carne, pour l'appeler par son vrai nom (*chile* signifie piment), associe bœuf haché, oignons émincés, piment fort et cumin. Fondus par une longue cuisson, ils sont rejoints par des haricots rouges, généreusement dispensés. La qualité du plat dépend de celle de la viande, de la tenue des haricots, qui ne doivent jamais être réduits en bouillie. Le vin, pas favorisé par la rencontre, doit avoir du corps, mais on ne lui demande pas une grande personnalité : un bon chile, s'il n'emporte pas la bouche, ne suggère guère d'accords complexes. Plutôt un rouge jeune ayant quelque caractère, ou un rosé costaud.

■ Vins d'ailleurs

Rioja · Vins marocains.

■ Rouge

Servir franchement frais. Côtes-du-rhône · Gigondas · Coteaux-du-tricastin · Côtes-du-ventoux · Côtes-du-luberon · Côtes-de-provence · Collioure · Béarn · Madiran · Cahors.

■ Rosé

Tavel · Bandol · Vins de pays catalan · Irouléguy.

Couscous divers

Apprécié depuis plus d'un siècle, imposé par les pieds-noirs et les immigrés, maintenant plat très courant, le couscous a pour base la semoule de blé dur, dont la qualité est déterminante, et le bouillon qui la mouille plus ou moins abondamment. Les accompagnements varient à l'infini, du mouton et du poulet, les plus courants, au lapin, au bœuf ou au poisson. Très souvent proposées, généralement pour des raisons économiques, les merguez sont parfaitement facultatives.

Les meilleurs couscous – le plat servi d'abondance peut être superbe – sont savoureusement épicés, de façon judicieusement dosée, agrémentés de légumes soit bien détachés, soit très cuits, soit intégrés aux boulettes de viande.

Le choix du vin – si vin il y a !–, dépend de ce qui est présenté sur la graine et des condiments, le convive étant libre de forcer ou non sur l'harissa, condiment contenant notamment des piments, du poivre de Cayenne, de la coriandre et de l'ail (cette purée délayée dans le bouillon n'arrache pas forcément la bouche !). Pas de vin aristocrate, mais une bouteille intéressante... si l'on ne se trouve pas devant un couscous-merguez de gargote.

Un rouge corsé, un peu épicé, éventuellement fruité et bu frais, s'entend bien avec les viandes de pot-au-feu souvent présentes et avec le mouton (on restera un cran au-dessous avec l'agneau). Les rosés bien structurés, pas pâlichons, sont d'utiles passe-partout. Les blancs entrent en jeu avec les couscous au poisson et ceux qui donnent la vedette aux légumes.

■ Vins d'ailleurs

Rouges du Maroc : beni-snassen, guerrouane · D'Algérie : médéa, coteaux-de-mascara · De Tunisie : koudiat, coteaux-de-mornag, thibar · Rosés du Maroc : guerrouane, koudiat.

■ Rouge

Servir franchement frais. Côtes-du-rhône villages · Coteaux-du-tricastin · Vacqueyras · Côtes-du-ventoux · Coteaux-d'aix · Côtes-de-provence · Vin de Corse calvi · Beaujolais villages · Touraine et anjou gamay.

Rosé

Côtes-du-rhône • Tavel • Lirac • Costières-de-nîmes • Vin de Corse • Corbières.

Blanc

Pour le couscous au poisson. Condrieu jeune • Viogner de l'Ardèche • Saint-joseph • Côtes-de-provence • Coteaux-du-languedoc • Côtes-du-roussillon • Savennières • Saumur-champigny.

Tajine

Maintenant presque français, un peu moins que le couscous cependant, le mot évoque particulièrement le Maroc, pays de belle gastronomie. Il désigne d'abord un contenant rond en terre cuite vernissée, hermétiquement clos d'un couvercle pointu. Par extension, il nomme le ragoût qui y a savoureusement mijoté ou qui y est pittoresquement présenté après une longue cuisson en daubière. Les tajines, à servir très chauds, sont à base de viande d'agneau, de mouton ou de bœuf, de poulet ou de pigeonneau, mais aussi de poisson. Ces ragoûts hauts en parfums divers, sentant à l'occasion la cannelle, accueillent de nombreux légumes, parfois des fruits, et beaucoup de condiments : petits pois, carottes, artichauts, pois chiches, fèves, pommes de terre, topinambours, courgettes, tomates, gombos, oignon, ail, piment, cumin, poivre, coriandre, citron confit, pignons...

Quel vin ? Cela dépend du produit travaillé – l'agneau surtout, en France –, mais il doit dialoguer heureusement avec les épices. En général, un rouge plus ou moins corsé (franchement puissant avec le mouton, assez puissant avec l'agneau, moins avec le poulet). Les rosés permettent de ne pas prendre parti, quand on ne sait trop quel tajine va être servi. Les blancs, appelés par la volaille, par le poisson, vont du sec tendre, préférable, au moelleux pas encombrant.

Vins d'ailleurs

Rouges du Maroc : riad jamil, Château Amjad • Gris du Maroc.

Rouge

Côtes-du-rhône • Châteauneuf-du-pape • Gigondas • Coteaux-d'aix • Les baux-de-provence • Côtes-de-provence • Bandol • Bellet • Vin de Corse • Patrimonio • Sancerre • Alsace pinot noir.

Rosé

Voir Couscous divers, p. 160. En fait, les « passe-partout » : il en est parfois d'excellents.

Blanc

(Avec volaille ou poisson) Anjou sec • Savennières • Peut-être un coteaux-du-layon ou un bonnezeaux (servi très frais) • Vouvray et montlouis secs • Gewurztraminer strict.

Curry (cari) divers

Le mot curry, ou cari, désigne un mélange d'épices d'origine indienne. C'est, depuis longtemps, devenu le nom courant d'une préparation dont la volaille, le veau, l'agneau et le porc sont, chez nous, la base (le riz étant toujours là en accompagnement).

Les currys habituellement proposés en France, avec volaille et viande blanche, sont plutôt doux, mais il en existe de forts, voire de brûlants. Curcuma, coriandre, cumin et poivre sont toujours à l'affiche, girofle, cardamome, gingembre et muscade jouent un rôle variable, selon le mélange. Carvi, ginseng, cannelle et bien d'autres ingrédients apportent à l'occasion un renfort plus ou moins sensible. Cette diversité dans la violence ou la douceur (les variations sont infinies) permet de parcourir une gamme étonnante de vins, l'astringence étant seule proscrite.

Avec la volaille et le veau avant tout, très souvent avec le porc, bien moindrement avec l'agneau, le blanc l'emporte. Pour la fraîcheur, parce que certains accords se révèlent d'un grand raffinement. On pense spontanément à un vin « désaltérant », en raison de la « chaleur » de la sauce, mais il faut incliner vers les demi-secs et oublier les vins d'acidité agressive, dont le mordant passe mal : les plus beaux accords se font avec des vins souples et tendres, où le sucre est nettement présent, à condition que celui-ci s'adosse à une judicieuse acidité. Ils sont issus du chenin dans le Val de Loire, du gewurztraminer et du pinot gris en Alsace.

Les bons rosés sont à leur place. Les rouges un peu moins : ils doivent être ronds, presque suaves, en tout cas débarrassés de toute méchanceté tannique.

■ Blanc

Savennières • Anjou • Coteaux-du-layon et coteaux-de-l'aubance frôlant la richesse en sucre (réserver les millésimes liquoreux aux plats indiens ou thaïlandais davantage épicés que les currys classiques) • Alsace pinot gris • Gewurztraminer • Jurançon assez vif • Pacherenc-du-vic-bilh plutôt sec.

■ Rosé

Côtes-du-rhône • Tavel • Lirac • Palette • Côtes-de-provence • Bandol • Patrimonio.

■ Rouge

Servir frais. Côtes-du-rhône villages • Gigondas • Lirac • Vacqueyras • Les baux-de-provence • Bandol pas trop puissant • Patrimonio • Alsace pinot noir • Anjou villages • Petit graves.

■ Pourquoi pas ?

Un muscat d'Alsace.

Cuisine thaïe

Méconnue de la plupart des Français jusqu'aux années 1980, la cuisine thaïlandaise s'impose à côté des cuisines chinoise et vietnamienne (les restaurants asiatiques sont nombreux à la revendiquer ; beaucoup de restaurants se proclament sino-thaïlandais et mêlent les cartes). Avec certains plats excessivement pimentés, toujours chantante, parfois exquise, elle explose de parfums et d'épices, s'ensoleille de saveurs d'agrumes.

Le curry « moyennement piquant » accompagne crevettes, canard, porc ou poulet en de tranquilles préparations incluant noix de coco, mangue, oignons, citron… Le ton monte avec certains potages et beignets, devient à l'occasion violent. Soupes, légumes, viandes, volailles, poissons, crustacés… Autant et plus qu'avec les produits, l'unification se fait au niveau des épices, des saveurs d'agrumes. Les blancs, soit généreux et aromatiques, soit secs tendres, soit moelleux, prennent l'avantage (notre préférence allant vers les moelleux légers avec un grand nombre de plats). Ils entretiennent de bons rapports avec les crustacés, les poissons, la volaille et le porc, sans cesse rencontrés, se font caressants au contact de la papaye, de la banane verte, de la noix de coco et des agrumes. Ils ont, de surcroît, l'avantage de rafraîchir, face aux puissants assaisonnements. (Cela se devinait depuis longtemps, mais un chantre des accords vins de France-cuisine thaïe l'a beaucoup fait savoir depuis plus d'une décennie : Manuel da Motta Veiga, expert en restauration et vins.)

Les rosés constituent la solution de facilité. Pourquoi pas, s'ils ont de la tenue ? Les rouges, pas interdits, ne gagnent rien à être présents et désaltèrent peu.

■ Blanc

Savennières · Anjou · Bonnezeaux et coteaux-du-layon de millésime pas trop riche · Vouvrays secs, demi-secs ou moelleux · Montlouis idem · Gewurztraminer · Alsace pinot gris · Pacherenc-du-vic-bilh.

■ Rosé

Bandol · Corbières · Bourgueil.

■ Rouge

Côtes-du-rhône villages · Vacqueyras · Coteaux-du-languedoc · Faugères · Côtes-du-roussillon.

■ Une belle bouteille

Anjou, côteaux-du-layon : Domaine Philippe Delesvaux · Bonnezeaux : René Renou · Vouvray sec, demi-sec, moelleux : Domaine du Clos Naudin, Domaine Didier Champalou, Domaine Huet · Montlouis : Domaine Olivier Delétang, Domaine Claude Levasseur · Gewurztraminer : Josmeyer, Léon Beyer, Domaine Schlumberger.

Cuisine vietnamienne

Moins « piquante » que celle des pays voisins, quoique relevée, de toute façon très différente, la cuisine vietnamienne joue beaucoup avec le nuoc mâm, une saumure de poisson, et fête les herbes aromatiques. Elle accorde une place importante aux légumes et au sucré-salé, met volontiers en scène les jeux et contrastes de textures. Un repas vraiment convivial comprenant plusieurs plats, dont chacun se sert selon l'appétit et l'humeur, le choix des vins est large... pour qui n'en reste pas au thé. Les blancs d'acidité modérée ou chargés d'un rien de sucre résiduel s'accordent avec beaucoup de plats. Les rosés facilitent aimablement les choses. Les rouges, que l'on peut choisir dans de nombreuses appellations, sont préférables souples, plutôt jeunes.

■ Blanc

Chablis · Rully · Mâcon-villages · Saint-joseph · Crozes-hermitage · Graves · Pessac-léognan · Riesling · Vouvray sec et gewurztraminer envisageables.

■ Rosé

Sancerre · Bordeaux rosé ou clairet · Alsace pinot noir.

■ Rouge

Bourgogne · Beaune · Côtes-du-rhône villages · Gigondas · Vacqueyras · Lirac · Costières-de-nîmes · Fronsac · Canon-fronsac · Côtes-de-castillon.

FROMAGES

Plutôt une production fermière ou artisanale, plutôt des fromages au lait cru. Mais nous n'allons pas parcourir l'histoire et la géographie des fromages, gloire de la France... et régal d'autres pays. Les fromages, providence de l'ivrogne qu'ils autorisent à retourner la bouteille ou à en ouvrir une autre, sont réputés de connivence avec le vin, ce qui n'exclut ni la bière ni le cidre ni le poiré, assez souvent heureux avec eux, ni le marc et certaines eaux-de-vie. Un grand nombre de rouges conviennent. Divers blancs ont leur place, presque à égalité, et s'imposent davantage en plusieurs occasions. Les rosés, loin de tenir la tête d'affiche, font cependant bon ménage avec un certain nombre de fromages, notamment au rayon « pâtes cuites ».

Contrairement à ce que beaucoup croient, sans être contredits par des sommeliers soit incompétents soit craignant de perdre une vente, les grands rouges costauds bousculent bêtement les fromages à forte personnalité, ou leur tournent le dos, ceux-ci leur renvoyant la malpolitesse.

Il n'est pas de législation gastronomique qui interdise – le fromage arrivé – de terminer le beau bourgogne ou le grand châteauneuf-du-pape servi avec le gibier. Ce n'est cependant pas l'idéal, et l'on peut même grimacer... Si la superbe bouteille accompagnant éventuellement le plat principal n'est pas vidée, la meilleure solution paraît de finir le vin tranquillement, en le savourant, puis d'attendre un petit moment avant de passer au brie, au reblochon, au maroilles ou au valençay. Le fromage, mangé sans boire dans un premier temps, aura ensuite la compagnie d'un plus petit vin, « vin de soif » gentiment fruité, léger, servi frais. Cette option contraire aux idées reçues évite de fâcheuses rencontres.

Pour résumer sommairement (l'exception confirmant la règle et les diktats de ce livre étant faits pour être transgressés) :

– Ne garder en aucun cas la meilleure bouteille pour le fromage (de toute façon, un grand vin doit être dégusté quand on a encore la papille alerte).

– Se méfier des rouges de caractère riches en tanins et/ou en alcool, fuir le boisé, faire l'impasse sur les beaux bourgognes concentrés, sur les bordeaux de classe affirmant une saine rugosité de jeunesse. À l'inverse, ne pas décanter pour le fromage un millésime lointain qui « vieillotte ». Les vins trop charpentés et les vins trop dépouillés sont également à exclure.

– Aller vers des rouges relativement légers, friands, plaisants, n'encombrant pas la bouche. Même, et surtout, après la dégustation d'un grand vin corsé : il faut savoir cesser l'escalade. Cette solution est de surcroît économique...

– Si l'on tient du Ciel que les bourgognes rouges sont indissociablement liés au fromage... éviter au moins de les présenter associés aux fromages de Bourgogne et de Champagne de goût marqué. Un givry, un saint-romain, un beaune, par exemple, semblent davantage faits pour les pâtes pressées – laguiole, saint-nectaire ou mimolette, voire reblochon – que pour l'aisy cendré, le langres ou l'époisses.

– Penser aux blancs. Pas seulement pour marier un liquoreux avec un bleu (accord plaisant, plus rustre que précieux, du sauternes et du roquefort). Les blancs secs ou secs tendres, à leur place dans de nombreux cas, ont l'avantage de désaltérer et de faire repartir sur un autre pied sans trop ajouter à l'alcoolémie.

– Plutôt privilégier des vins légèrement acides avec les fromages franchement crémeux.

– Se souvenir que la plupart des régions à la fois « fromagères » et viticoles produisent des vins convenant bien à leurs fromages.

– Admettre que le même fromage jeune, peu affiné, s'accorde joyeusement avec un vin qui ne lui conviendra pas forcément quand le temps et l'affinage lui auront fait prendre du goût ou quand (chèvre) il sera devenu sec.

– Tout cela étant dit... ne pas trop s'interroger sur les rapports fraternels ou inamicaux des vins et des fromages ! Ou en faire un thème d'aimables discussions d'avant le dessert (qui supporte rarement le vin du fromage, histoire de ne pas arranger les choses).

Quelques généralités

Fromages frais, non affinés

De vache souvent (fontainebleau, saint-florentin, boulette de Cambrai), de chèvre ou de brebis (broccio, brousse), ces fromages obtenus par simple coagulation, non affinés, sont « lactiques », doux, crémeux (seul le broccio est franchement relevé). Le vin n'est pas obligatoire !
Rouge aimable, jeune et tendre, ou rosé. Blanc très léger.

Fromages à pâte molle et à croûte fleurie

Presque toujours de vache, certains banons faisant exception. Recouvert de moisissures externes, le fromage évolue en saveur avec l'affinage. De la douceur légèrement acide du chaource au fruité puissant d'un bon camembert, du « pas très fait » au « coulant », impossible d'édicter une règle générale.
Rouges légers, le plus souvent. Rouges plus puissants, pas trop, quand le fromage est à maturité. Blancs secs ou secs tendres pas trop vifs (beaux bourgognes blancs vieux de quelques années envisageables). Rencontre heureuse avec le champagne.

Fromages à pâte molle et à croûte lavée

Toujours de vache, mais que de saveurs ! De la tendre douceur crémeuse du mont-d'or à la force presque agressive du souple époisses, de la fermeté crayeuse du bergues à la puissance un rien piquante du maroilles, de la saveur élégamment « terroir » du pont-l'évêque à l'agressivité du livarot : là aussi, la variété est telle que l'on ne peut que conseiller dans le vague.
Certains de ces fromages, tel l'époisses, acceptent des rouges d'une certaine ampleur – gigondas, si ce n'est châteauneuf-du-pape, par exemple. Les blancs verts ou, au contraire, chargés en sucre sont à proscrire. Rencontres parfois très heureuses avec la bière, le cidre, le marc.

Fromages à pâte persillée

De brebis ou de vache. Après le caillage, le fromage est ensemencé en moisissures, qui le « veinent ». De la douceur fondante du bleu de bresse au goût relevé-noiseté de la fourme d'Ambert, en passant par la délicate agressivité du roquefort, toutes les nuances du piquant.
Sauternes, barsac, loupiac, monbazillac, jurançon avec le roquefort et ses proches. Banyuls, rivesaltes, maury et rasteau souvent bienvenus (ils vont fréquemment sur le dessert, ce qui n'est pas négligeable).

Fromages à pâte pressée

Toujours de vache, peu nombreux, mais célèbres : beaufort, comté, emmenthal français, gruyère... Des saveurs plutôt douces, mais emplissant souvent la bouche, délicatement noisetées ou très fruitées.

Nombreux vins blancs, du mâcon, voire du meursault, au vin jaune et au château-chalon. Bourgognes rouges fruités et tendres.

Fromages à pâte pressée cuite

Souvent de vache, tels le reblochon, le cantal, le saint-nectaire, parfois de brebis, comme l'ossau-iraty... Bordeaux rouges souvent à l'aise, par exemple avec le saint-nectaire, le cantal, la mimolette (la mimolette vieille est réputée valorisante pour les vieux bordeaux).

Vins légers issus du pinot noir et du gamay. « Petits bourgognes » blancs avec plusieurs fromages, dont le reblochon et la tomme de Savoie. Jurançon ou pacherenc-du-vic-bilh avec les fromages de brebis.

Fromages de chèvre

Des saveurs parfois fortes, souvent piquantes, éventuellement « très caprines ». Tendres, durs ou compacts, ces fromages ont souvent un air de famille. La plus grande différence n'est pas celle des variétés, mais de l'âge.

Vin rouge léger et fruité avec le fromage frais, blanc avec le fromage sec.

Quelques exemples

Camembert

De grande série ou médiocre, ce qui est souvent le cas, l'illustre fromage ne pousse pas à s'inquiéter du vin. Souple et doucement fruité, expressif, il réclame un rouge jeune, assez rond, pas encombrant (si le camembert est trop fait, on mangera une bouchée de pain avant de boire... mais ce conseil est valable avec beaucoup d'autres fromages). Songer au cidre, quand le fromage n'est pas très fait, voire à une larme de calvados.

■ Rouge

Servir frais. Beaujolais · Beaujolais villages · Côte-de-brouilly · Brouilly · Fleurie · Touraine (gamay) · Médoc souple ou côtes-du-rhône jeune.

■ Pourquoi pas ?

Un champagne · Du cidre bouché.

Chaource

Fromage champenois à pâte molle et croûte fleurie (même catégorie que le camembert, tout autre goût), le chaource pâtit de son industrialisation, mais une fabrication artisanale subsiste. De saveur lactique assez affirmée quand il est bien fait, il n'a pas de préjugés quant à la couleur.

■ Rouge

Servir frais. Bourgogne épineuil ou irancy, un peu adouci par l'âge • Alsace pinot noir.

■ Rosé

Alsace pinot noir « vinifié clair » • Coteaux-du-giennois • Sancerre • Reuilly • Rosé des Riceys.

■ Blanc

Petit-chablis • Chablis, simple.

Bries divers

Le brie de Coulommiers a une odeur et un fruité en principe affirmés, celui de Meaux (fermier) montre souvent plus de caractère, celui de Melun s'affirme fortement au nez et au palais.

■ Rouge

Servir frais. Sancerre • Alsace pinot noir • Bourgogne rouge jeune • Beaujolais villages • Pomerol, fronsac et vins voisins, à la rigueur.

■ Rosé

Alsace pinot noir « vinifié clair » • Coteaux-du-giennois • Sancerre • Reuilly • Rosé des Riceys.

■ Pourquoi pas ?

Un champagne rosé.

Munster

Roi des Vosges alsaciennes et lorraines, le munster, ou munster-géromé, s'avère parfois médiocre quand il est industriel et perd beaucoup lorsqu'il est insuffisamment affiné. Célèbre pour son odeur envahissante, mais doux au goût, voire délicat, il témoigne d'un grand caractère lorsqu'il vient de chez un affineur attentif. Un blanc s'impose, d'une légère douceur, avec ce qu'il faut d'acidité. La rencontre avec un gewurztraminer, souvent idéale quand le vin est vif, s'avère régionaliste à souhait.

■ Blanc

Gewurztraminer (pas de vendanges tardives !) • Pinot blanc • Klevener • Petit-chablis • Bourgogne aligoté • Mâcon-villages • Saint-véran. On peut aussi penser au saint-joseph ou au saint-péray, à un vouvray sec ayant une pointe d'acidité.

■ Pourquoi pas ?

Un corton.

Langres, Époisses, Soumaintrain

Ces fromages de vache champenois du sud et bourguignons du nord sont de saveur puissante, forts en bouche, et peuvent avoir une odeur pour le moins accaparante. Ils risquent d'écraser les rouges tendres au fruité aimable et d'entrer en conflit avec les vins robustes...

Androuet, le célèbre fromager parisien, optait pour des rouges charpentés, y compris d'assez grands bourgognes : ce n'est pas notre goût. Dans un autre genre d'accord, on peut pencher vers un gewurztraminer ami du munster, vers quelques blancs secs risquant d'être éclipsés ou, avec prudence, vers certains moelleux.

■ Rouge

Servir frais. Accord généralement conseillé, souvent approximatif. Saint-émilion (on peut être réticent !) • Rully • Givry • Côtes-du-rhône • Gigondas • Châteauneuf-du-pape • Palette • Coteaux-d'aix • Bandol • Patrimonio.

■ Blanc

Gewurztraminer équilibré • Bourgogne • Mâcon • Pouilly-fuissé.

■ Pourquoi pas ?

Un blanc moelleux (loupiac, par exemple).

Pont-l'évêque

Souple et crémeux, le célèbre fromage du pays d'Auge affirme une saveur « terroir » prononcée... quand il est bien fait, bien affiné. Plusieurs rouges et quelques blancs en lice (ils vont aussi avec le livarot) ; entente avec le cidre cordiale.

■ Rouge

Servir assez frais. Beaujolais villages • Côte-de-brouilly, brouilly et divers crus du beaujolais • Touraine gamay • Chinon • Bourgueil • Anjou villages • Côtes-d'auvergne • Côte-roannaise.

■ Pourquoi pas ?

Certains sommeliers conseillent des bordeaux, des bourgognes et des côtes-du-rhône rouges d'une certaine ampleur, voire puissants.

Gruyère

Le plus répandu des fromages à pâte pressée, le gruyère, devrait être de structure souple et enchanter par son fruité. Si c'est le cas, un rouge également souple, assez velouté. Mais le gruyère peut aussi s'entendre avec les blancs qu'affectionnent le comté, le beaufort et l'abondance.

■ Rouge

Servir frais. Beaune · Savigny-lès-beaune · Ladoix · Mercurey · Rully · Givry · Alsace pinot noir · Beaujolais villages · Bordeaux supérieur · Médoc · Saumur-champigny · Chinon.

■ Blanc

Meursault · Vin de Savoie · Arbois vin jaune · Graves.

Et aussi...

Un champagne vieilli.

Saint-Nectare

L'illustre fromage auvergnat, affiné sur un lit de paille de seigle, dégage parfois une certaine odeur de moisissure, mais a un goût de terroir assez doux. Un rouge, pas trop corsé.

■ Rouge

Servir frais. Anjou-villages · Saumur-champigny · Chinon · Bourgogne · Côtes-d'auvergne boudes (pinot noir) · Haut-médoc · Médoc · Pauillac.

Reblochon

Ce grand fromage de Savoie est onctueux, de saveur accentuée mais fine. Il est souvent proposé avec un rouge, en harmonie fréquemment incertaine ; mais certains blancs vont très bien (nous les préférons assez ronds).

■ Rouge

Servir frais. Santenay · Ladoix · Saint-romain.

■ Blanc

Vin de Savoie · Mâcon villages · Meursault.

■ Pourquoi pas ?

Un puligny-montrachet.

Cantal, salers, laguiole, tommes diverses

Le cantal ou fourme du Cantal et le salers ou fourme de Salers sont auvergnats et cousins de cette fourme rouergate qu'est le laguiole. Jeunes, les fromages sont doux et blancs, mais ils prennent avec l'âge saveur et couleur. De goût délicat et suave, les tommes de Savoie et du Dauphiné s'entendent à peu près avec les mêmes vins, plutôt des rouges.

■ Rouge

Servir frais. Côtes-d'auvergne · Côte-roannaise · Saint-pourçain · Beaujolais · Vins de Lavilledieu · Fronton · Alsace pinot noir · Vin de Savoie · Mondeuse.

■ Blanc

Entraygues · Apremont et roussette de Savoie.

Les « chèvres »

Chabichou, crottin de Chavignol, pélardon, picodon, rocamadour, selles-sur-cher, sainte-maure, valençay…

Il est difficile d'entrer dans le détail, mais quelques vérités premières valent sur tout le territoire caprin. Les rouges, loin d'être proscrits comme on le croit souvent, s'entendent merveilleusement avec les chèvres frais et demi-frais. Les blancs fruités, secs ou secs tendres, sont toujours de bonne compagnie et préférables avec les chèvres secs. Il faut tenir compte d'éventuels assaisonnements, mais c'est marginal.

■ Blanc

Chablis • Meursault • Mâcon blanc • Pouilly-fuissé • Saint-véran • Jasnières • Vouvray et montlouis secs • Savennières • Sancerre • Touraine • Entraygues.

■ Rouge

Jeune. Servir frais. Chinon • Saumur-champigny.

■ Rosé

Côtes-de-provence • Bandol • Vin de Corse • Irouléguy.

Les « brebis »

De la provençale brousse et du broccio corse au pyrénéen ossau-iraty, les fromages de brebis sont aussi divers d'aspect que de saveur. Ils s'entendent, selon les circonstances, avec des vins blancs secs, secs tendres ou moelleux, ainsi qu'avec certains rouges.

■ Blanc

Jurançon sec ou liquoreux • Pacherenc-du-vic-bilh • Irouléguy • Vin de Corse. La plupart des vins recommandés avec les chèvres passent bien.

■ Rouge

Beaujolais • Saint-pourçain • Touraine gamay • Béarn et irouléguy particulièrement souples.

Le « cas » roquefort

La star des « bleus », fromage à pâte persillée, se situe à part des autres brebis et suscite quelques grands accords. L'un des plus célèbres, peut-être un peu surfait, l'associe à un sauternes, de préférence vieilli.

■ Blanc

Sauternes • Barsac • Loupiac • Jurançon liquoreux • Bonnezeaux • Coteaux-du-layon.

■ Rouge

Servir frais. Accords incertains. Certains rouges de la vallée du rhône, vieillis.

■ Et aussi…

Un banyuls. Peut-être un muscat de Rivesaltes. Si l'on sort de France, un porto.

Desserts

De « desservir » : le dernier plat du repas, apporté quand la table a été totalement débarrassée. Si l'on s'en tient à la lettre, le fromage a droit au qualificatif de dessert quand il n'est suivi d'aucune douceur – c'est fréquemment le cas au déjeuner –, mais le mot désigne communément la gamme des entremets (expression prise dans son sens actuel), les diverses pâtisseries, les crèmes, les glaces et les sorbets, les parfaits, les soufflés et les vacherins, les compotes, les spécialités régionales, les crêpes, les fruits givrés, la simple corbeille de fruits.
Le dessert « de gourmandise » (une gourmandise qui est aussi celle des yeux) laisse le gastronome méfiant : il partage la joie enfantine de beaucoup de convives, mais craint que l'on se sucre les papilles jusqu'à l'écœurement. La majorité des mortels n'ont pas cette réticence, sauf nécessité de régime, et considèrent le final du repas comme un moment important.

La place accordée au dessert n'a, c'est évident, rien de rédhibitoire s'il est plutôt « court et relevé » et choisi en fonction de l'ordonnancement général du repas : il doit apporter son point d'orgue compte tenu des mets précédents et de leur abondance. Les choses se compliquent au moment de tendre son verre... si l'on tient encore à boire. Côté boisson, les interrogations se multiplient, sans réponse assurée... De nombreux desserts, notamment les fruits rafraîchis, les glaces et les sorbets suggèrent de faire l'impasse. D'autres dirigent vers des vins très différents. Que boire quand on a abusé du chariot joliment garni – une rareté depuis une douzaine d'années –, lorsque les convives emplissent différemment leurs assiettes ? Les restaurateurs et les sommeliers ont souvent d'autres chats ou d'autres crèmes à fouetter. À part le champagne, tout à fait inadéquat le plus souvent, parfois servi absurdement, ils proposent volontiers des vins au verre, qui dépannent… sans garantie d'adéquation. Aux uns le jurançon, à d'autres le loupiac, le bonnezeaux, un muscat ou un vin muté. Bref : ce qui arrange la maison et ne pose pas trop problème : les poncifs du dessert sont les pendants des poncifs de l'apéritif ! Seuls quelques sommeliers de grands restaurants étonnent en apportant une réponse pointue : ils sont savants et disposent d'une belle cave ; leurs clients, parfois très éduqués, écoutent et peuvent payer.

GÉNÉRALITÉS

LE CHAMPAGNE

Évocateur de convivialité festive, encore rituellement proposé en fin de repas, c'est un mauvais compagnon des desserts, fruits rouges nature et en gratin exceptés.

S'il s'entend remarquablement avec plusieurs fromages, le « brut » n'éprouve aucune affinité pour la plupart des entremets et enlise ses bulles dans le chocolat.

Quand le cercle de famille veut sacrifier à l'usage avec quelque gâteau d'anniversaire ou une bûche de Noël, on ne peut que conseiller un champagne demi-sec, produit devenu rare (on ne le trouve, de qualité, que dans quelques grandes maisons, par exemple chez Veuve Clicquot, chez Moët et Chandon).

Le champagne est parfois remplacé avantageusement, au moins sur le plan économique, par des vins effervescents d'origines diverses, vouvray, montlouis, saumur, crémant d'Alsace, crémant du Jura, clairette de Die ou blanquette de Limoux, notamment. Ces mousseux de mieux en mieux élaborés, parfois en relation avec de grandes maisons champenoises, se révèlent à l'occasion d'excellent rapport qualité/prix. Sauf goût de cépage marqué (chenin, riesling, muscat), les meilleurs sont d'ailleurs souvent confondus avec les champagnes moyens.

LES VINS MOELLEUX

Sauternes, barsac, loupiac, sainte-croix-du-mont, cérons, monbazillac, jurançon moelleux, quarts-de-chaume, coteaux-du-layon et de l'aubance, bonnezeaux, vouvray, montlouis et alsaces sélection de grains nobles ajoutent plus ou moins fortement leur sucre au sucre. Ce n'est pas forcément idéal pour la dégustation, du mets comme du vin !

Les accords des vins d'or pâle ou vieil or se révèlent cependant délicieux avec beaucoup de tartes, avec les desserts aux fruits. On peut, par ailleurs, favoriser les années de moindre concentration, chercher quelque vivacité dans un vin blanc doux.

S'agissant de certaines appellations, sauternes et barsac en tête, ainsi que d'élaborations particulières (sélection de grains nobles), il est à noter que les vins-gourmandise sont par eux-mêmes des desserts !

LES VINS DOUX NATURELS

Les « VDN » (il s'agit d'une appellation) sont de différents types et ont diversement leur place au dessert.

– Les muscats d'arôme caractéristique, vif et délicat, font de merveilleux apéritifs et se boivent un peu n'importe quand, pour le plaisir et en toute décontraction. On retrouve agréablement ces amis de la brioche et du kougelhopf, à préférer jeunes, avec des tartes, un fraisier, des préparations à base de pomme, de poire, de fruits exotiques. Qu'ils soient de Beaumes-de-Venise, de Frontignan, de Lunel, de Mireval, de Rivesaltes ou du cap Corse...

– Les vins de type banyuls, rivesaltes, maury, dont les arômes ne manquent pas de complexité, se révèlent souvent capiteux, suaves. Plus ou moins vieillis avant d'être mis en vente, tuilés ou ambrés, ils conviennent aux desserts au chocolat, mais peuvent rencontrer une crème renversée, une île flottante.

– Le gewurztraminer, vendanges tardives ou sélection de grains nobles, apporte son goût de raisin si typique aux fruits jaunes et aux prunes, à beaucoup de préparations à base de fruits exotiques, aux desserts épicés. Il répond bien à la cannelle, pactise avec la vanille fortement dosée.

LES VINS ROUGES

Rarement évoqués pour le dessert, ils peuvent jouer les prolongations en fin de repas. Alsace pinot noir, saint-pourçain, sancerre rouge, moindrement médoc (il doit être peu tannique) et quelques autres font des amabilités et donnent parfois une aimable chiquenaude aux fraises, aux framboises, aux mûres. Les cerises et le clafoutis aux cerises les acceptent et font particulièrement la fête au bourgueil et au chinon.

Les eaux-de-vie

Elles sont souvent bienvenues. Avec certaines glaces, éventuellement, et surtout avec les sorbets. Kirsch avec un sorbet cerise. Prune avec le sorbet mirabelle. Calvados avec le sorbet pomme. Poire avec le sorbet poire. Liqueur de cassis avec le sorbet cassis.

Le rhum (comme le whisky) a des affinités avec le chocolat. L'armagnac ou un marc pas brutal flattent la vanille. Le calvados est souhaité avec la plupart des desserts aux pommes, le kirsch avec un clafoutis aux cerises.

Quelques exemples

Desserts au chocolat

La puissance et l'amertume, ainsi que les ajouts et parfums (fruits rouges, framboise, orange, praliné, café, etc. peuvent influer sur le choix du vin. Champagne et grands liquoreux hors jeu, muscats « très raisin » déplacés. Eau et thé idéals pour une dégustation fine.

Banyuls de types rancio ou rimage • Rivesaltes • Maury • Pineau des Charentes • Eau-de-vie de framboise • Kirsch • Marc de Champagne • Certaines liqueurs.

Saint-Honoré

Pas de millésime excessivement riche en sucre. Vouvray et montlouis moelleux • Coteaux-de-l'aubance • Coteaux-du-layon • Bonnezeaux • Quarts-de-chaume.

Paris-Brest

Fourré de crème pralinée et parsemé d'amandes effilées, heureux avec les liquoreux.

Sauternes • Barsac • Loupiac • Sainte-croix-du-mont • Jurançon moelleux.

Moka au café

Maury • Rivesaltes • Banyuls • Rasteau.

Fraisier

Maury • Kirsch • Eau-de-vie et liqueur de framboise.

Pithiviers

Le « gâteau des rois » de l'Épiphanie est fourré d'une crème aux amandes allant avec bien des vins du Bordelais et du Sud-Ouest riches en sucre.

Sauternes • Monbazillac • Sainte-croix-du-mont • Loupiac • Cérons • Côtes-de-bergerac moelleux • Côtes-de-duras moelleux •

Saussignac • Pacherenc-du-vic-bilh moelleux. Diverses vendanges tardives envisageables. Banyuls • Rivesaltes • Maury.

Millefeuille à la vanille

Coteaux-du-layon • Coteaux-de-l'aubance • Muscat de beaumes-de-venise • Muscat du cap Corse.

Tarte aux pommes, tarte tatin

Pineau des Charentes • Quarts-de-chaume • Bonnezeau • Coteaux-du-layon • Coteaux-de-l'aubance • Vouvray • Montlouis • Divers muscats envisageables • Vin jaune (particulièrement avec la tatin).
Cidre bouché • Poiré • Calvados.

Tarte aux mirabelles, aux quetsches

Gewurztraminer • Muscat de beaumes-de-venise • Muscats divers, notamment muscat du cap Corse • Eau-de-vie de prune.

Tarte aux myrtilles, aux mûres

Alsace pinot noir • Saint-pourçain • Sancerre • Coteaux champenois rouge • Bouzy • Eaux-de-vie et liqueurs de myrtilles, de mûres (liqueurs assez fortes, servies en petite quantité).

■ Une belle bouteille

Clairette de Die : Cave coopérative de Die • Crémant d'Alsace et muscat d'Alsace : Domaine Jean-Baptiste Adam • Gewurztraminers : maison Léon Beyer ; Domaine Zind-Humbrecht • Muscat de Rivesaltes et rivesaltes : Domaine Cazes frères ; Domaine Casenove ; Château de Jau • Banyuls : Domaine du Mas Blanc ; cave L'Étoile ; Cellier des Templiers ; Clos de Paulilles • Maury : Domaine La Pléïade • Muscat du cap Corse : Domaine Antoine Arena • Muscat de beaumes-de-venise : Domaine de Coyeux • Pacherenc-du-vic-bilh Plaimont producteurs ; Château Barrejat ; Château Berthoumieu • Monbazillac : Château La Borderie • Loupiac : Domaine du Noble.

■ Et aussi...

Eaux-de-vie (gamme très importante) et délicieuses crèmes de fruits peu alcoolisées de la distillerie Massenez, dans le Val-de-Villé, en Alsace. La famille Massenez produit aussi un excellent vin... au Chili, Château Los Boldos souplement tannique, fruité, allant avec beaucoup de plats français, ainsi qu'avec certains fromages.
Eaux-de-vie (prune, poire, marc d'Irouléguy) de la maison Brana, au Pays basque. Les Brana, notamment pionniers en ce qui concerne le vin blanc dans la région de Saint-Jean-Pied-de-Port, comptent parmi les meilleurs viticulteurs de l'AOC irouléguy.

Les mots du vin

Acerbe
Vin trop acide et/ou trop tannique.

Acide-Acidité
L'une des quatre saveurs détectables par l'homme (les autres étant l'amer, le sucré et le salé). L'acidité, sauf excessive, n'est aucunement un défaut : elle fait partie du vin, participe à sa rondeur, à sa fraîcheur.

Agressif-Agressivité
L'acidité, comme l'excès de tanin et le boisé mal dosé, risque de « blesser » les papilles. Un vin agressif peut ne l'être que dans sa jeunesse.

Alcooleux
Vin très ou trop chargé en alcool.

Amer-Amertume
Caractère d'un vin rouge particulièrement marqué par le tanin (celui-ci se fond dans le vin avec le temps). On parle souvent d'astringence.

Ample
Vin rond et équilibré, qui emplit agréablement toute la bouche.

AOC-Appellation d'origine contrôlée
Codifiée à la veille de la Seconde Guerre mondiale, l'appellation d'origine contrôlée concerne plus de la moitié des vins français et des dizaines de milliers de viticulteurs. Les quelques 450 AOC correspondent à des terroirs strictement délimités, à des encépagements précis, à des rendements, à des conduites de la vigne, à des méthodes de vinification.

Âpre
Vin que l'excès de tanin rend désagréablement astringent.

Arôme
Parfum du vin, ressenti directement par le nez ou par la voie rétronasale. Les arômes évoluent avec

l'âge du vin : on les dit primaires, secondaires et tertiaires.

Austère
Vin corsé et tannique, éventuellement de qualité, à qui l'âge donnera sa plénitude.

Boisé
Caractère aromatique, parfois excessif, souvent fin, que les fûts de bois communiquent au vin. L'intensité du boisé (il peut évoquer la vanille, le caramel, voire le brûlé) dépend de la volonté du viticulteur, de la qualité, du volume et de l'âge des fûts. Il se fond plus ou moins vite quand le vin vieillit.

Bouchonné
Goût de liège désagréable donné par un bouchon défectueux.

Bouquet
Ensemble des caractères olfactifs du vin. L'on parle aussi de « nez ».

Capiteux, chaleureux
Se dit d'un vin puissant, riche en alcool, qui « chauffe » quelque peu la tête.

Cépage
Plant de vigne. Dans le langage vigneron courant : variété de vigne. Parmi les cépages noirs : le pinot noir, le cabernet sauvignon, le merlot, le malbec ou côt, le gamay, la syrah, le mourvèdre, le grenache, le tannat, la mondeuse. Parmi les cépages blancs : le chardonnay, le chenin, le sauvignon, le sémillon, le colombard, l'ugni blanc, le viognier, la marsanne, la roussanne, le pinot blanc, le riesling, le gewurztraminer, le Alsace pinot gris, le muscadet, les muscats.

Charnu
Vin corsé et rond donnant l'impression d'emplir la bouche.

Charpenté
Vin de constitution solide, robuste, qui vieillira bien en cave.

Climat
Mot ayant à peu près le sens de cru en Bourgogne (mais il englobe moins d'éléments que le cru du vocabulaire bordelais).

Complet
Vin équilibré, élégant, auquel on ne peut rien reprocher.

Corsé
Qualifie une certaine puissance, une vigueur qui s'impose. Le mot n'a rien de péjoratif, bien au contraire, mais il arrive qu'un vin soit dit « trop corsé » par rapport à tel ou tel plat.

Coulant
Vin très souple, facile à boire.

Cru
Terroir délimité, du moins au sens premier du terme. La notion de cru tient aussi compte de l'encépagement, du savoir-faire des hommes, des règles qu'ils s'imposent.

Dur
Vin trop acide et/ou tannique qui brutalise les papilles et persiste en bouche.

Épanoui
Vin au mieux de sa forme, généralement après avoir passé un certain temps en cave.

Frais
Ne pas confondre avec le « frais » de l'expression « Servir frais » et du rafraîchissement en seau... Appliqué au goût du vin, le qualificatif désigne une de ses caractéristiques, acidité sensible et agréable.

Franc
Vin net, sans excès, reflétant le cépage et le terroir.

Fruité
Qualité d'un vin jeune aux saveurs et aux arômes proches du raisin.

Généreux
Vin puissant, riche en alcool.

Gouleyant
Vin léger, frais et agréablement fruité qui se laisse boire facilement.

INAO
L'Institut national des appellations d'origine contrôlée joue un rôle dans le secteur agricole et agro-alimentaire. Au sein de cet organisme, un comité national, interprofessionnel, officialise les appellations et fixe les normes devant être respectées.

Nerveux
Vin agréablement acide, généralement assez corsé.

Primeur
Vin à boire dans les six mois environ suivant la vendange. La plupart de ces « vins nouveaux » vieillissent très mal, mais les meilleurs peuvent tenir quelque temps avec les qualités du vin « normal ».

Robe
L'aspect du vin, sa couleur.

Rondeur
Qualité d'un vin agréablement charnu, d'une souplesse velouté.

Tanin, tannin
Substance essentielle provenant de la peau et des pépins du raisin (mais aussi du chêne des fûts). C'est, notamment, à eux qu'est due la différence de goût entre les vins rouges et les vins blancs. Selon les cépages, la viticulture et la vinification, les vins rouges sont plus ou moins tanniques.

Tanique, tannique
Vin marqué par le tanin, notamment dans sa jeunesse. Certains cépages apportent plus de tanin (qui se fond dans le vin quand celui-ci prend de l'âge).

Tendre
Vin dont l'acidité se ressent peu, quoique parfois d'une certaine importance, qui paraît souple à la bouche.

Terroir
Dans l'univers viticole, presque synonyme de cru. Il désigne le terrain et ses spécificités après intervention de l'homme.

Typé
Vin reflétant de façon marquée un terroir et un encépagement.

Vert
Vin blanc dont l'acidité est plus ou moins excessive.

INDEX DES VINS

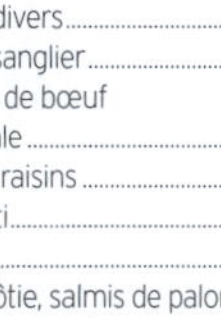

Sancerre Rosé

Sancerre Rouge

Saumur-champigny Blanc

VALLÉE DU RHÔNE

INDEX DES METS

Les chiffres en gras renvoient aux parties qui traitent plus largement du sujet.